U0940490

普通高等教育“十一五”国家级规划教材配套教材
高等职业教育路桥类专业系列教材

道 路 工 程 制 图 习 题 集

第 2 版

主　编　赵云华
副主编　赵玉肖　郑晓军
参　编　杨广云　杨卫红

机 械 工 业 出 版 社

本书与赵云华主编的普通高等教育“十一五”国家级规划教材《道路工程制图》相配套。本书主要内容有：基本制图标准、绘制平面图形、投影概念、形体上基本元素的投影、形体的投影、轴测投影图、剖面图和断面图、道路工程图（道路路线工程图、桥梁工程图、涵洞工程图、隧道工程图）。

在主教材《道路工程制图》的配套光盘中包含了该书中重要习题的彩色立体图以及 CAD 三维实体模型。打开 CAD 三维实体模型，在 CAD 软件中可以自由转动三维实体模型，可以帮助读者分析形体和投影的关系，有助于问题的解决。

本书配有习题答案，凡使用本书作为教材的教师可登录机械工业出版社教材服务网 www. cmpedu. com 下载。咨询电话：010－88379375。

本书可作为高职高专道路与桥梁工程及相关专业的教材，也可作为相关技术人员的参考用书。

图书在版编目（CIP）数据

道路工程制图习题集/赵云华主编. —2 版. —北京：机械工业出版社，2012. 3（2020. 8 重印）
普通高等教育“十一五”国家级规划教材配套教材　高等职业教育路桥类专业系列教材
ISBN 978-7-111-36991-2

Ⅰ. ①道…　Ⅱ. ①赵…　Ⅲ. ①道路工程-工程制图-高等职业教育-习题集
Ⅳ. ①U412. 5－44

中国版本图书馆 CIP 数据核字（2011）第 280122 号

机械工业出版社（北京市百万庄大街 22 号　邮政编码 100037）
策划编辑：李　莉　责任编辑：李　莉
版式设计：霍永明　责任印刷：郜　敏
北京圣夫亚美印刷有限公司印刷
2020 年 8 月第 2 版第 11 次印刷
260mm × 184mm · 11 印张 · 170 千字
标准书号：ISBN 978-7-111-36991-2
定价：25. 00 元

电话服务　　网络服务
客服电话：010-88361066　机　工　官　网：www. cmpbook. com
010-88379833　机　工　官　博：weibo. com/cmp1952
010-68326294　金　书　网：www. golden- book. com
封底无防伪标均为盗版　机工教育服务网：www. cmpedu. com

前　　言

本书的结构、章节层次与普通高等教育“十一五”国家级规划教材《道路工程制图》相配套。

这次修订之前，我们邀请了十几位道路工程一线的专家，对高职高专道路与桥梁类工程及相关专业进行了工作任务和职业能力分析，并且对“道路工程制图”的教学任务和教学内容提出了调整意见。

高职高专“道路工程制图”课程应该突出识读道路工程图能力的培养，并兼顾绘图能力的培养。结合专家提出的意见，我们将本书内容作了如下调整：

1. 在习题中插入了更多配套立体图，这样降低了难度，且能在做题时反复分析立体图与投影图之间的关系，在做题的过程中浅移默化地提高了空间思维能力。

2. 本书增加了阅读道路路线、桥梁、涵洞、隧道工程图所占的比重，采用最新的工程图例，并配套立体示意图，帮助学生读图。

3. 修改了原教材中的“点、直线、平面 的投影”部分的习题，将求点、线、面投影的纯理论的习题改为分析道路、桥梁形体上点、线、面的投影的习题，并配有立体图，降低了难度，并有助于读图能力的培养。

4. 习题形式更灵活、生动、有趣。

习题由易到难，由浅入深，难度适中，便于学生对知识点的掌握。选题过程注重实用，注重联系实际，尤其专业图识读部分的习题都选自最新的道路桥梁工程图。

本书在内容处理上主要有以下几点说明：

1. 本书的习题数量较多，难度由浅入深，应根据学生的具体情况选择相应的习题供学生练习。

2. 道路工程图识读（道路路线工程图识读、桥梁工程图识读、涵洞工程图识读、隧道工程图识读）部分是与工程联系最紧密的部分，也是难度比较大的部分，而学生没接触过工程实际，所以选用较大的篇幅插入了各种方位的立体图来诠释投影图。

3. 本书中标注“＊”的习题为选做题，各学校可以根据实际情况选择。

本书编写分工如下 ：第一章、第二章、第十章由山西交通职业技术学院杨广云编写；第三章由山西忻州公路分局设计院郑晓军编写；第六章由南京交通职业技术学院杨卫红编写；第八章由河北交通职业技术学院赵玉肖编写；第四章、第五章、第七章、第九章、第十一章由山西交通职业技术学院赵云华编写。

在主教材《道路工程制图》的配套光盘中包含了该书中重要习题的彩色立体图及 CAD 三维实体模型。打开 CAD 三维实体模型，在 CAD 软件中可以自由转动三维实体模型，可以帮助读者分析形体和投影的关系，有助于问题的解决。

本书配有习题答案，凡使用本书作为教材的老师可登陆机械工业出版社教材服务网 www. cmpedu. com 下载，或拨打：010－88379375 咨询。

由于编者水平有限，编写时间仓促，书中缺点、错误在所难免。恳请使用本书的师生及有关人士批评指正。

编　者

目　录

第一章　基本制图标准

1-1　工程字练习

钢 筋 混 凝 土 结 构 交 通 建 筑 道 路 桥 梁 料 梁 板 支 柱 桩

制 图 标 准 线 型 尺 寸 结 构 施 工 原 理 涵 线 附 注 平 立 剖

1-2 在下列指定位置分别画出 6 种图线的水平线。

1-3 以中心线的交点为圆心，过其线上给出的 4 点，由大到小依次画粗线圆、虚线圆、点画线圆、细实线圆。

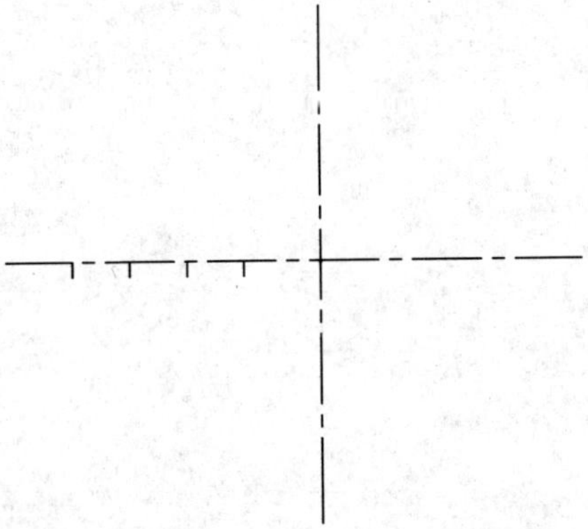

1-4 在下面指定位置抄绘给出的图形（线型要符合规定）。

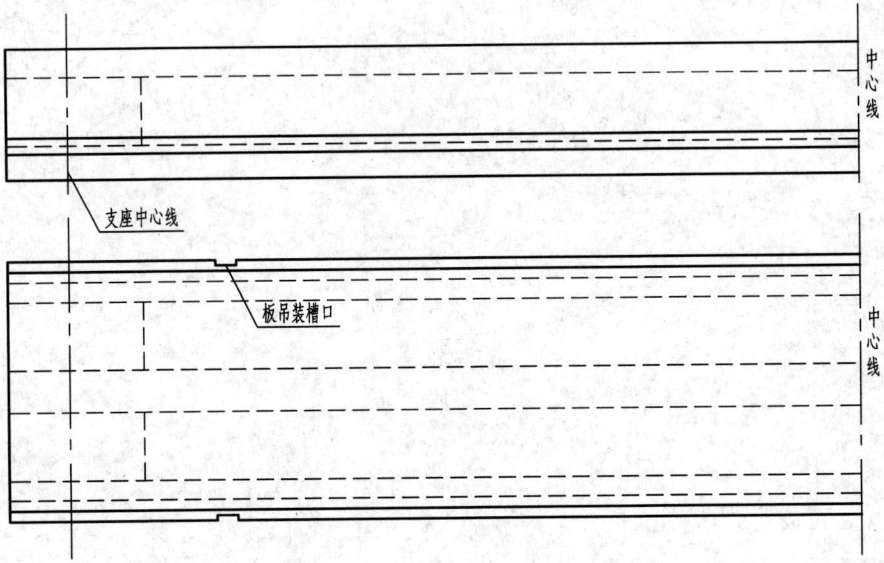

中心线

支座中心线

板吊装槽口

中心线

1-5　根据立体图中给出的尺寸，在平面图上正确标注。

（1）

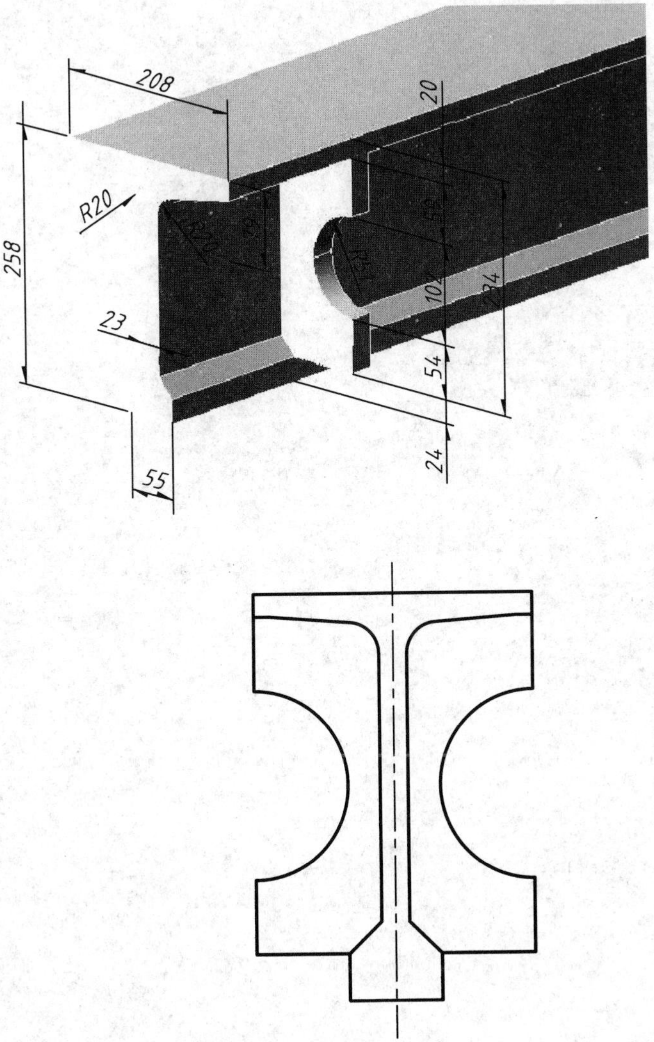

208

20

258

R20

R20

23

55

54

102

234

24

（2）

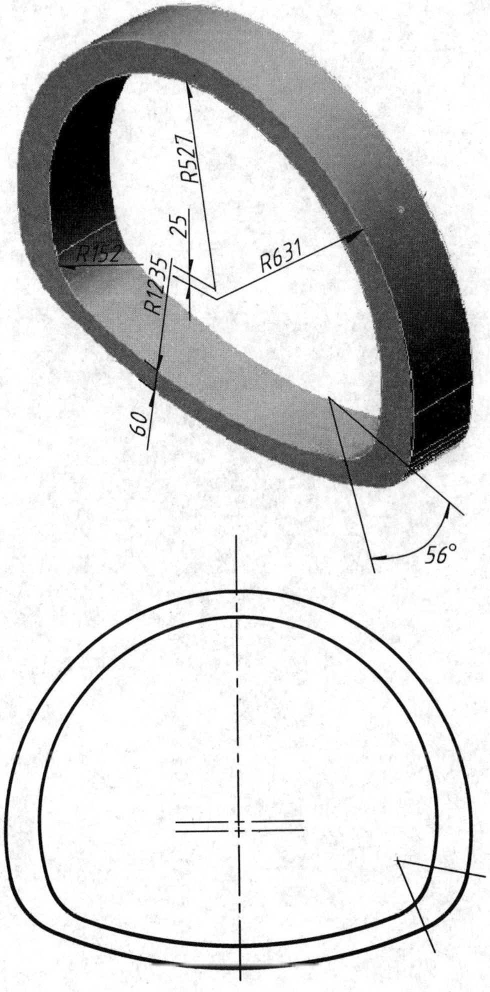

R527

25

R152

R1235

R631

60

56°

第二章　绘制平面图形

2-1　六等分线段 AB，并过各等分点作 BC 的平行线及作 AC 的垂直线。

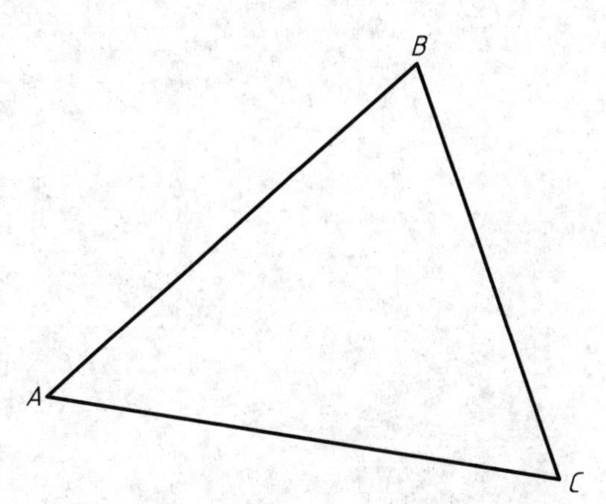

2-2　绘制圆的内接正六边形。

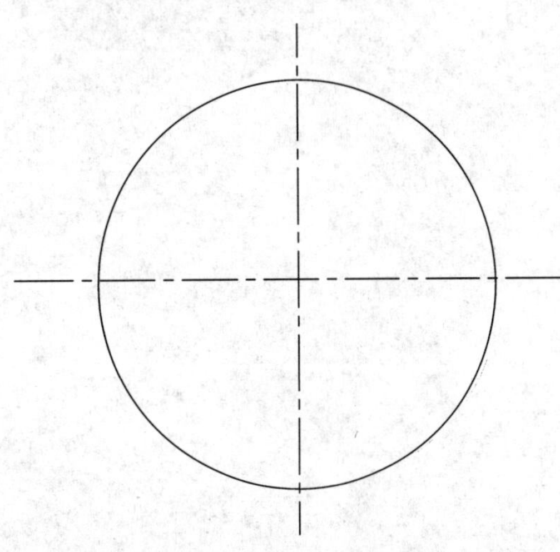

2-3　绘制圆的内接正五边形。

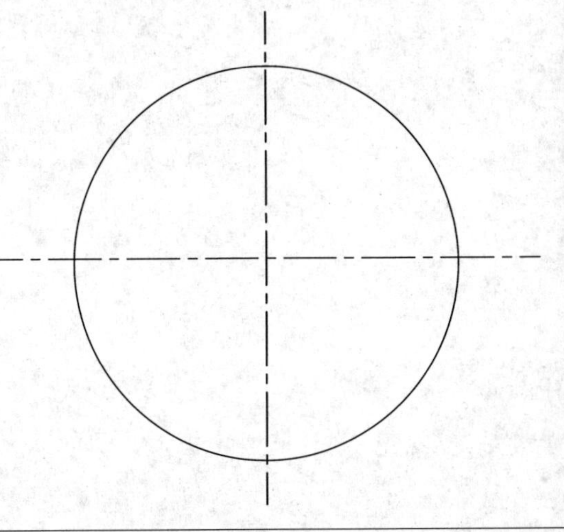

2-4　因为桥头锥形护坡（1/4 椭圆锥）的立体图，已知椭圆的长半轴长为 1800cm，短半轴长为 1200cm，请用 1∶400 的比例在指定位置绘制平面图（1/4 椭圆）

2-5　在指定位置抄绘所给出的图样（比例为 1∶10）。

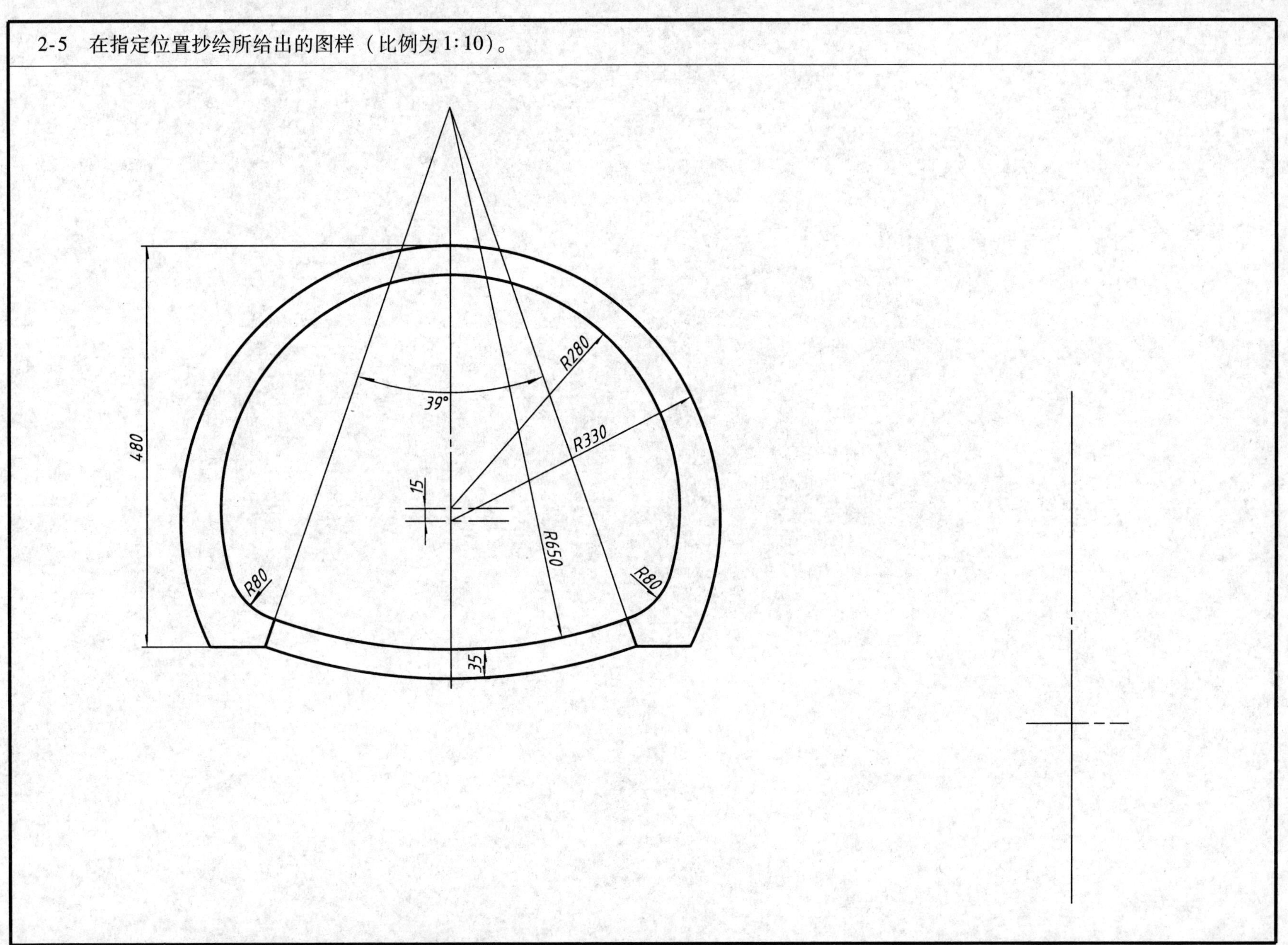

2-6 在指定位置抄绘所给出的图样（比例为1:10）。

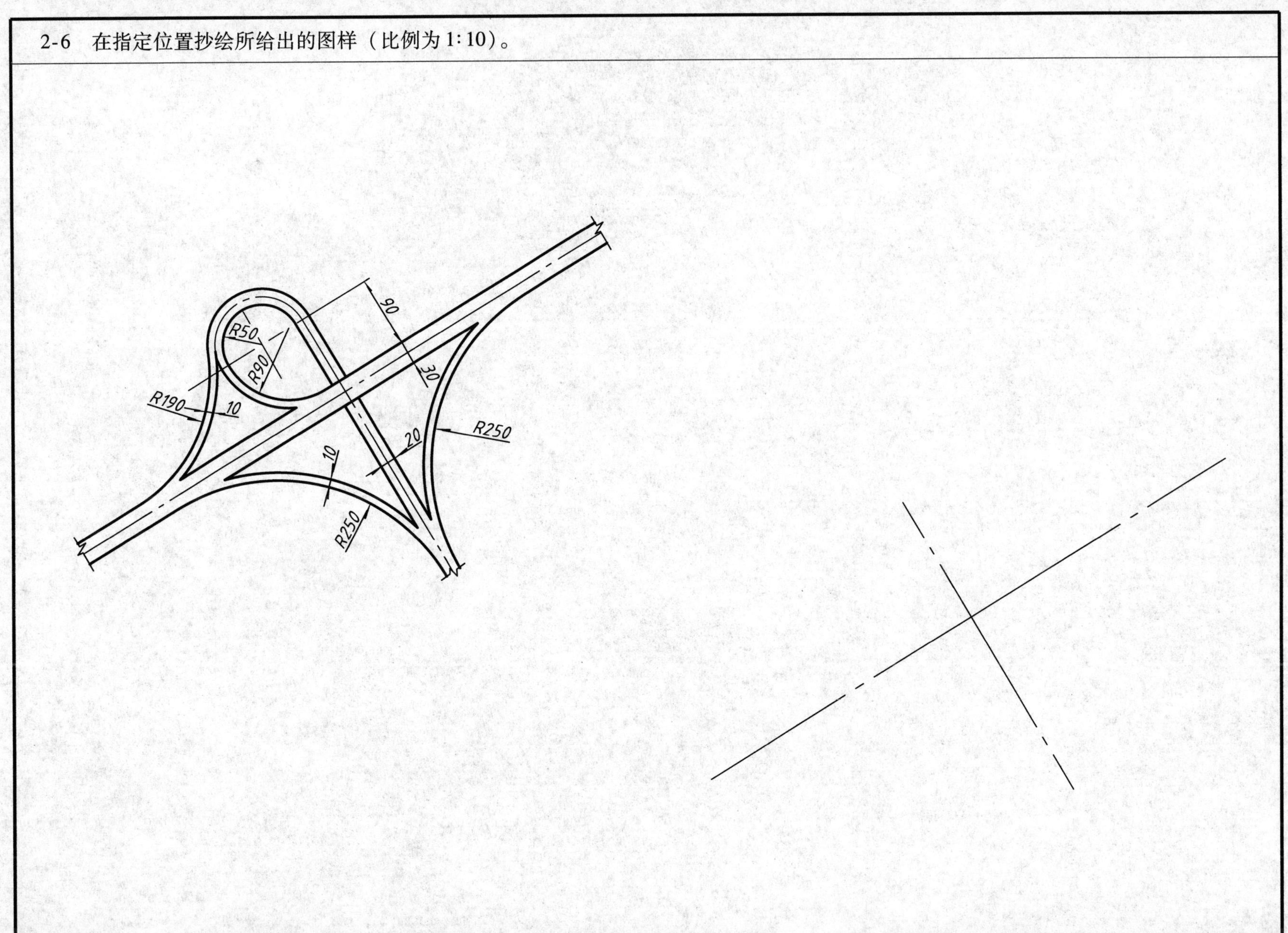

第三章　投影概念

3-1（1）　将正确的 *V* 面投影的图号填入对应的各立体图的括号内。

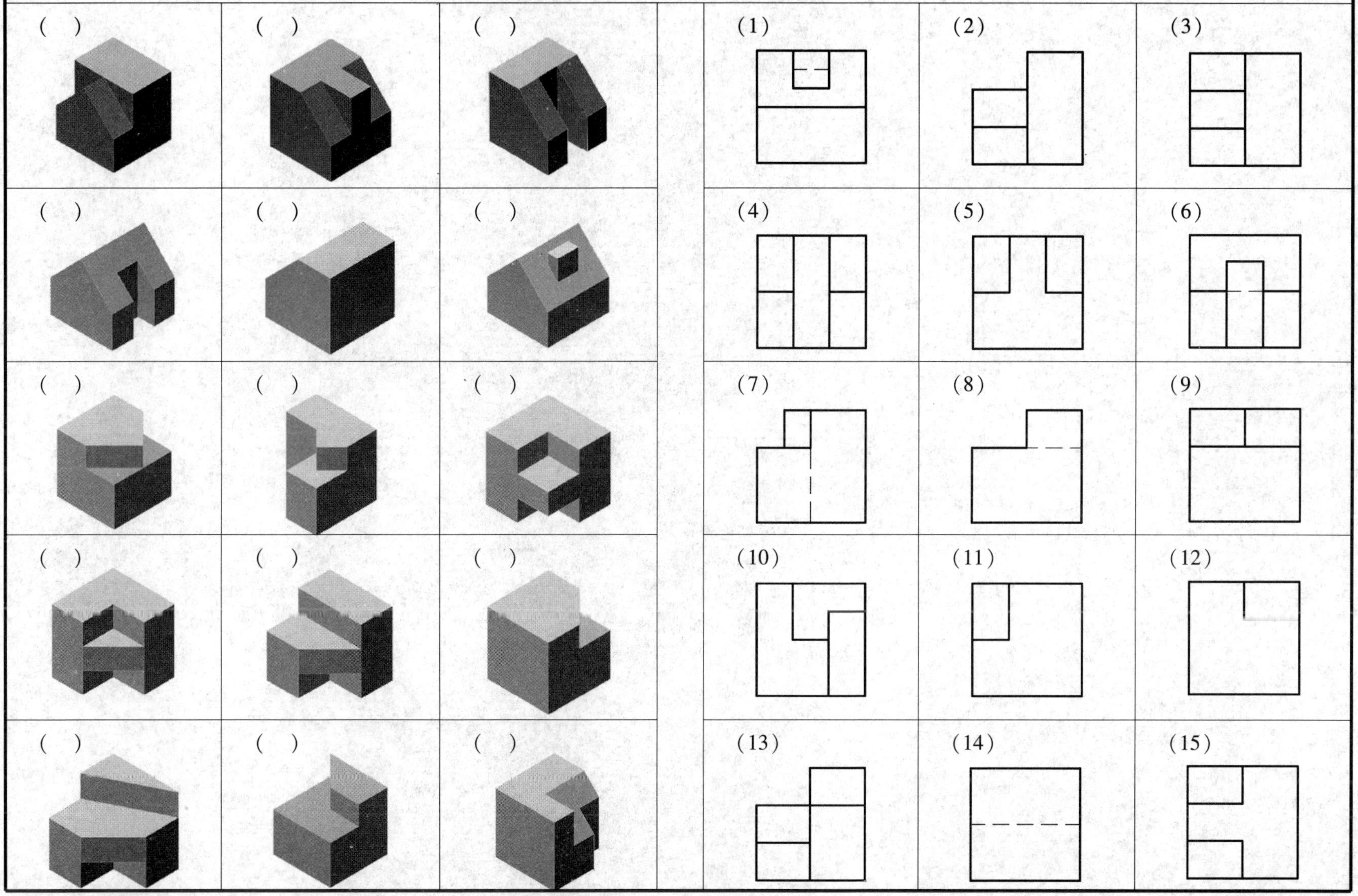

（　）	（　）	（　）		（1）	（2）	（3）
（　）	（　）	（　）		（4）	（5）	（6）
（　）	（　）	（　）		（7）	（8）	（9）
（　）	（　）	（　）		（10）	（11）	（12）
（　）	（　）	（　）		（13）	（14）	（15）

3-1（2） 将正确的 *H* 面投影的图号填入对应的各立体图的括号内。

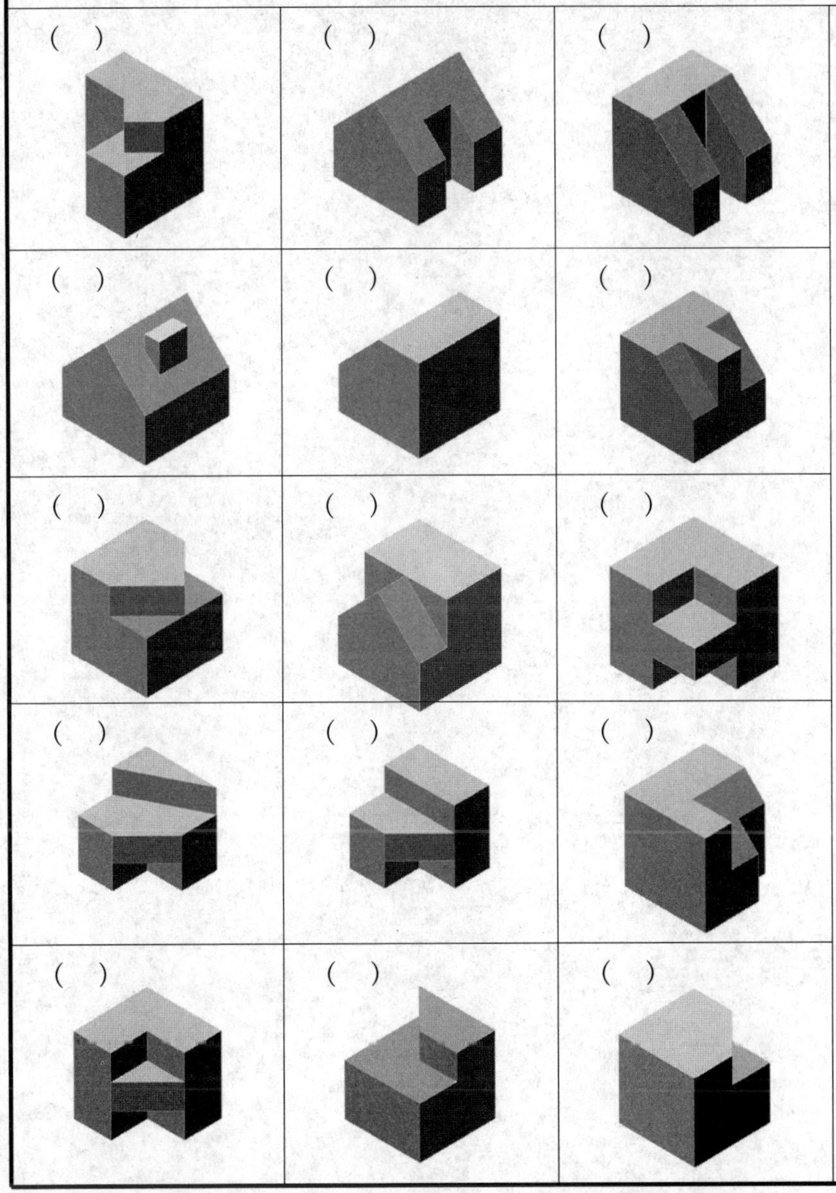

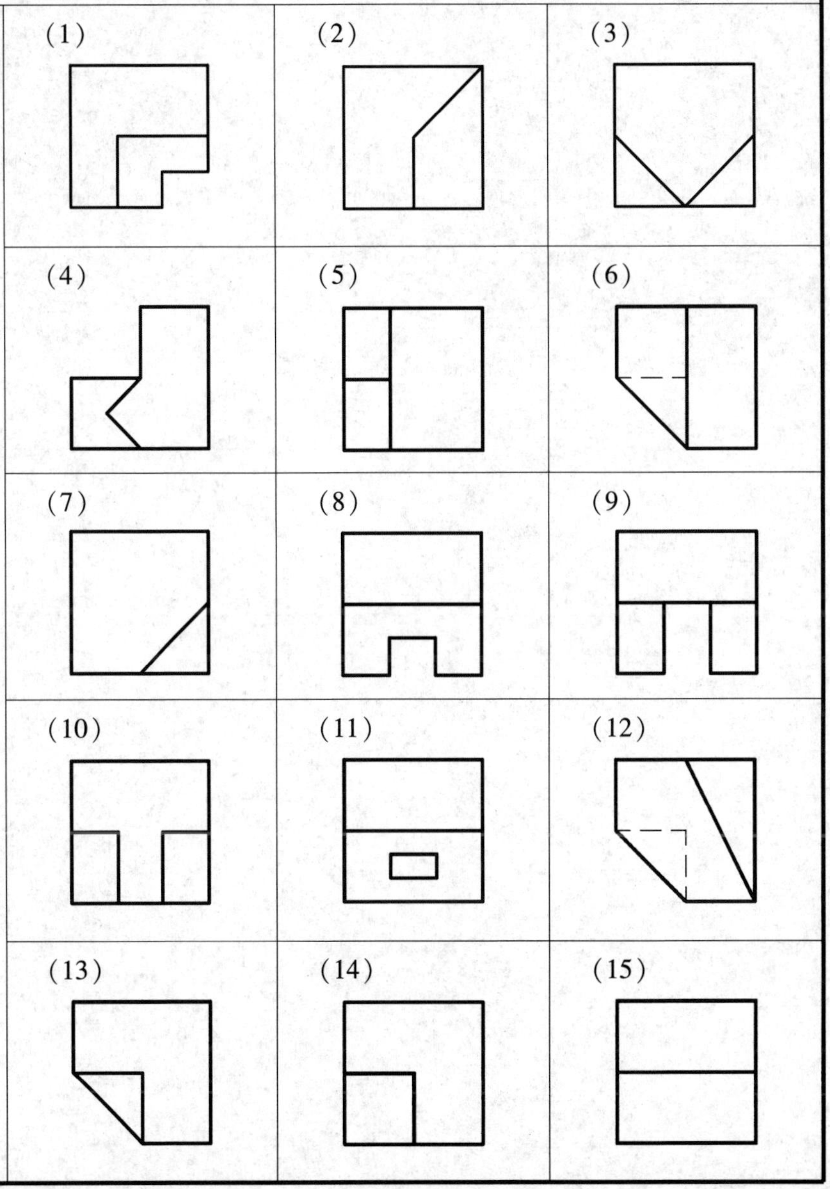

（ ）	（ ）	（ ）	(1)	(2)	(3)
（ ）	（ ）	（ ）	(4)	(5)	(6)
（ ）	（ ）	（ ）	(7)	(8)	(9)
（ ）	（ ）	（ ）	(10)	(11)	(12)
（ ）	（ ）	（ ）	(13)	(14)	(15)

3-1（3） 将正确的 W 面投影的图号填入各立体图的括号内。

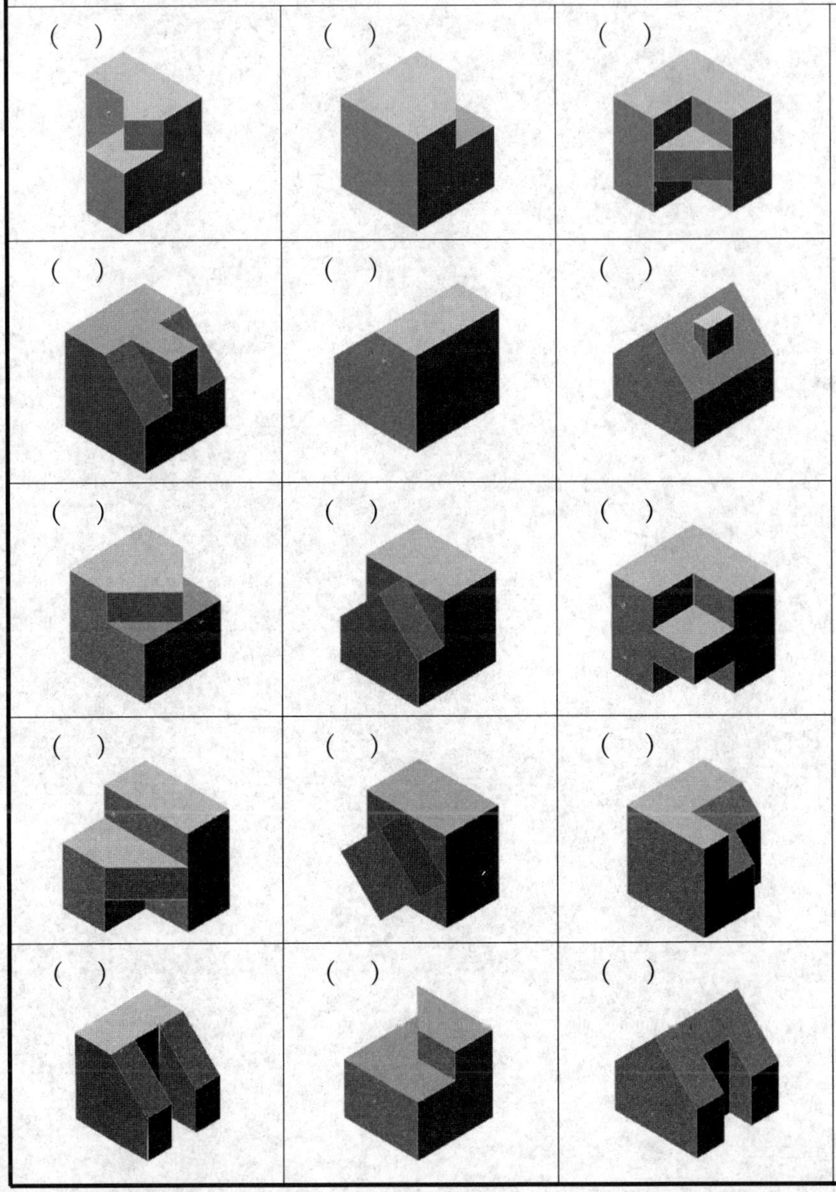

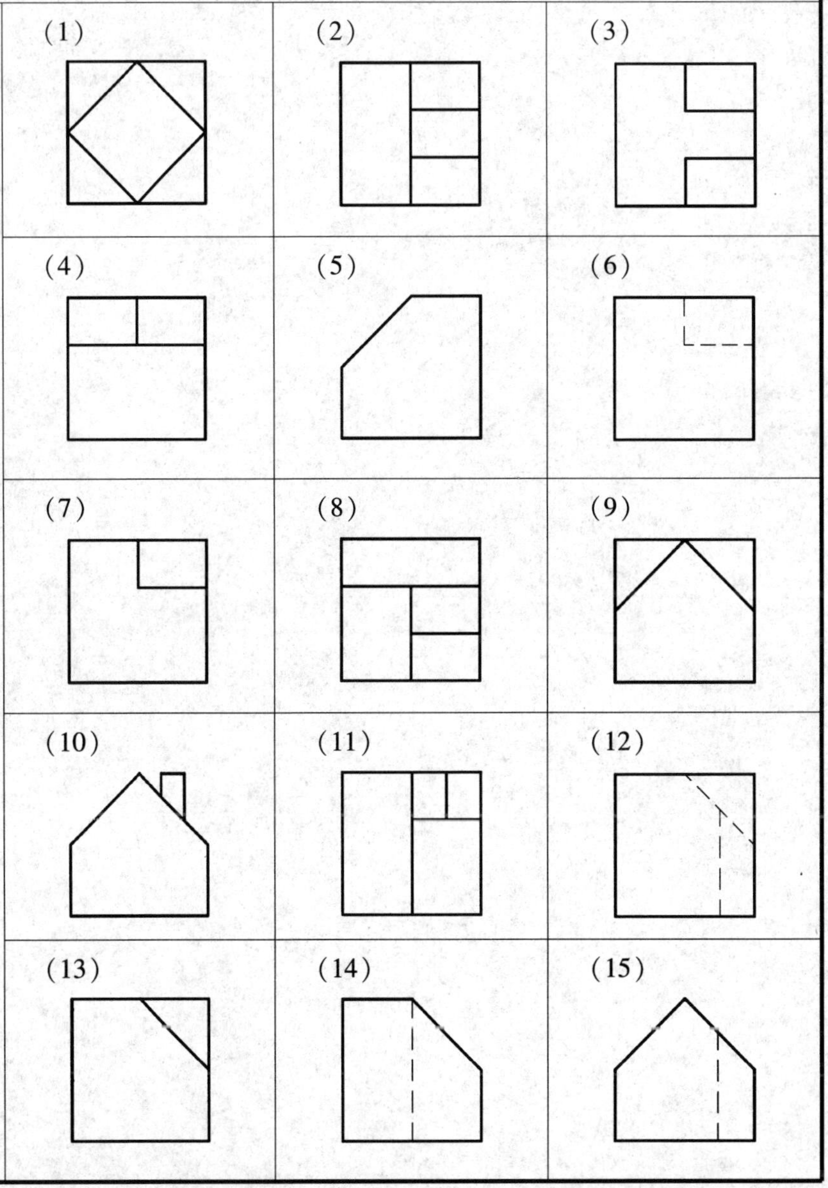

（ ）	（ ）	（ ）
（ ）	（ ）	（ ）
（ ）	（ ）	（ ）
（ ）	（ ）	（ ）
（ ）	（ ）	（ ）

(1)	(2)	(3)
(4)	(5)	(6)
(7)	(8)	(9)
(10)	(11)	(12)
(13)	(14)	(15)

3-2（1） 将正确的 V 面投影的图号填入对应的各立体图的括号内。

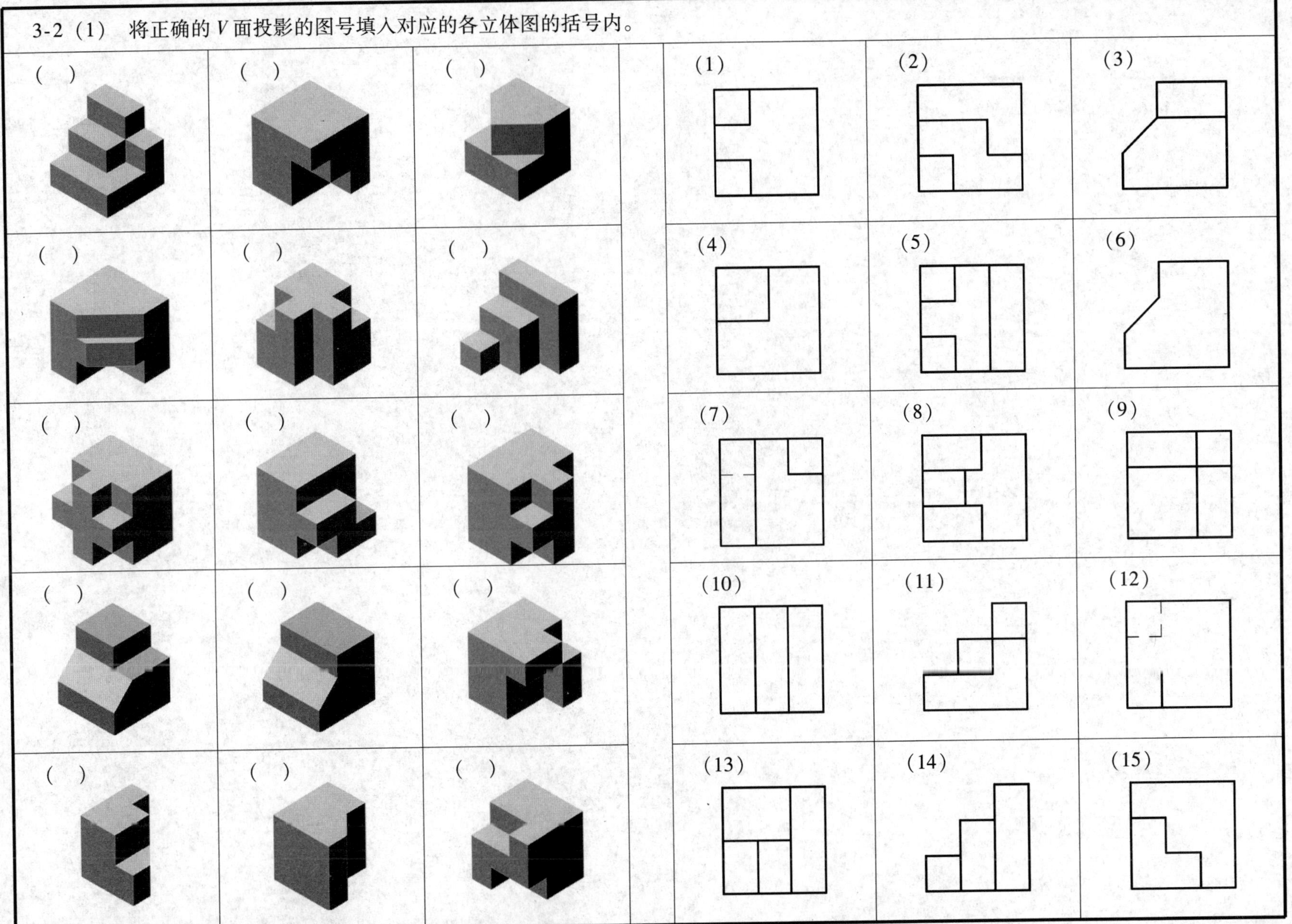

3-2（2） 将正确的 *H* 面投影的图号填入对应的各立体图的括号内。

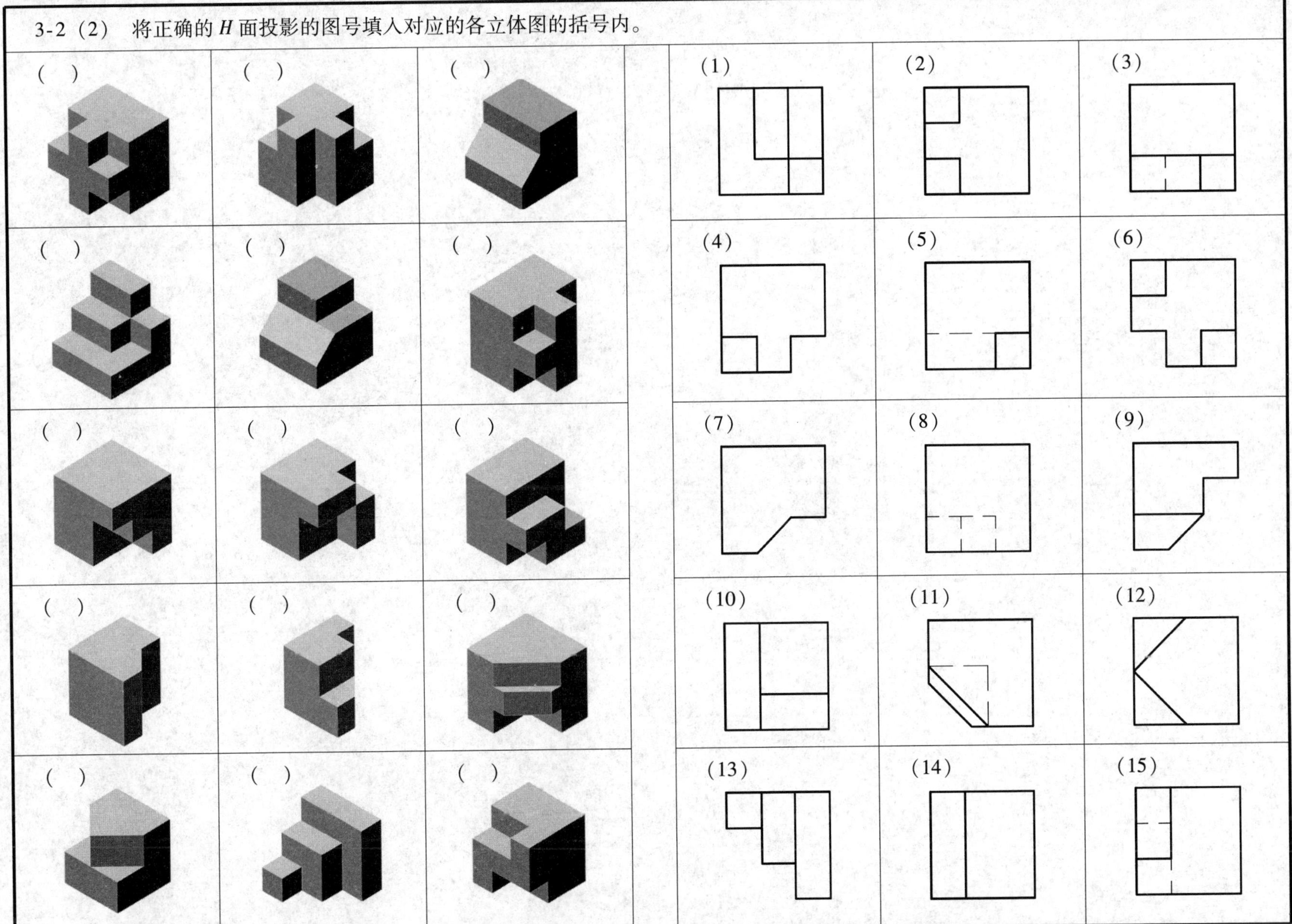

3-2（3） 将正确的 *W* 面投影的图号填入对应的各立体图的括号内。

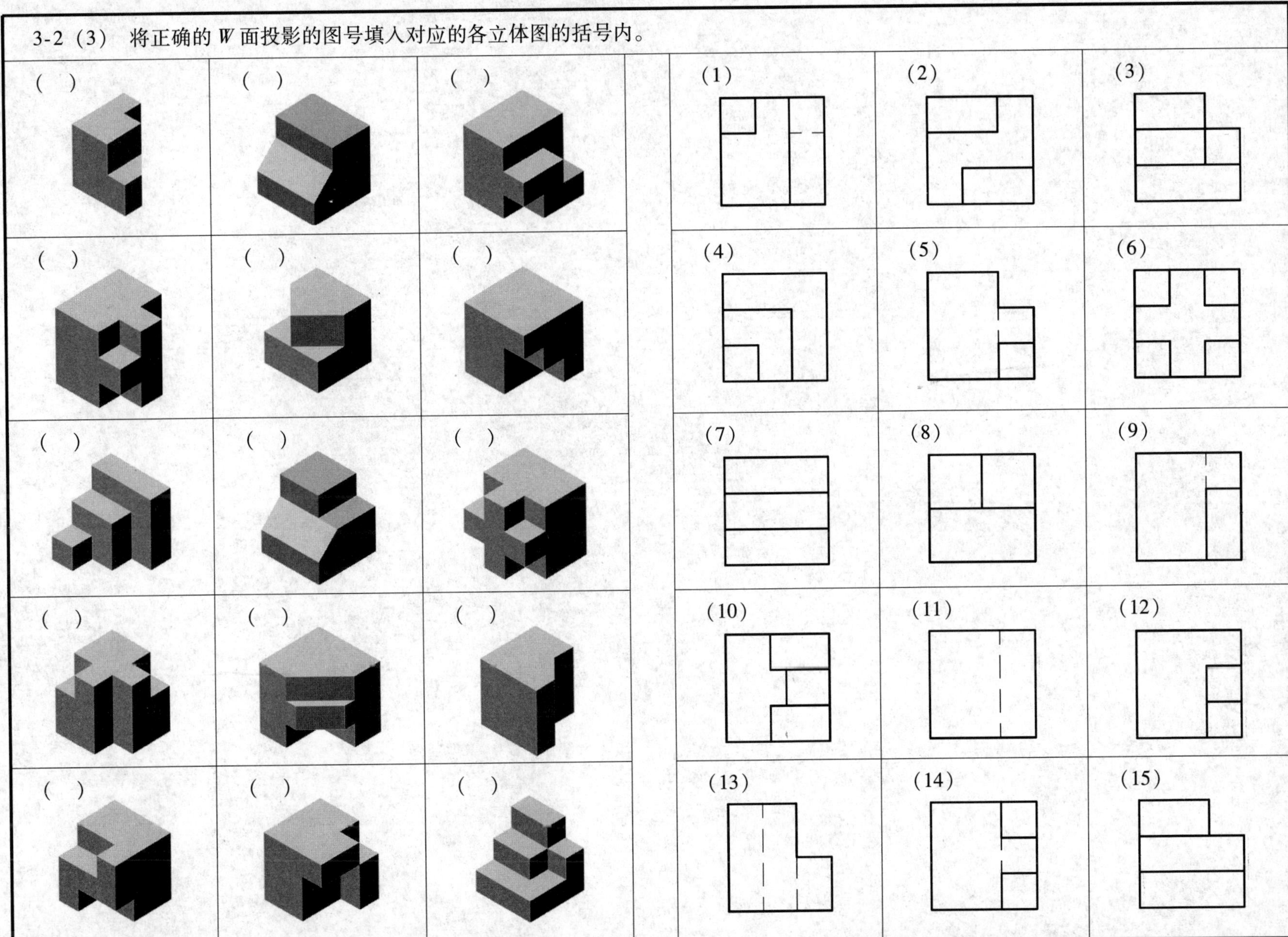

3-3　已知形体的一面投影及其轴测投影，请补画其他投影（尺寸沿投影轴方向量取）

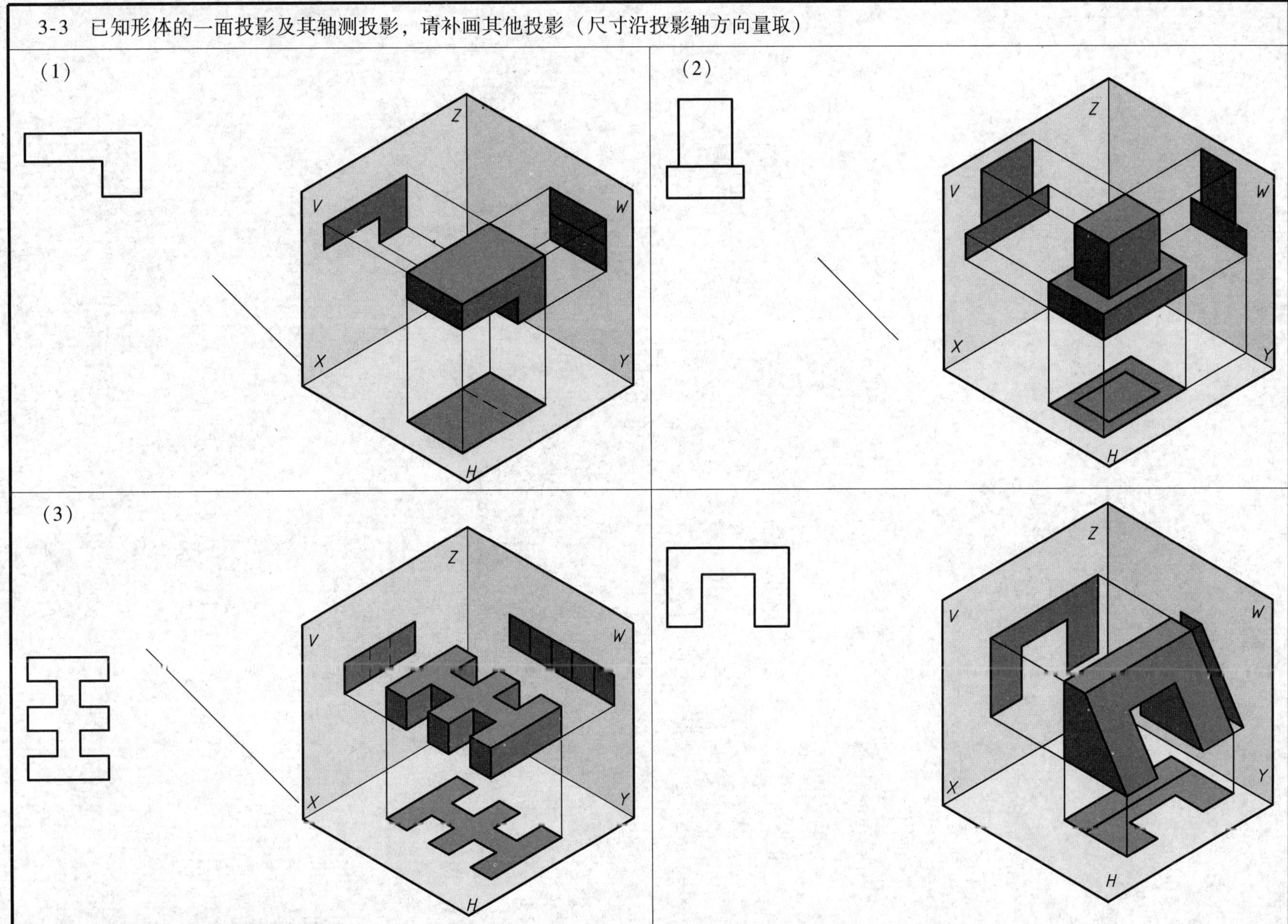

3-4　由立体图画出形体的三面投影图（尺寸按1∶1在立体图上量）。

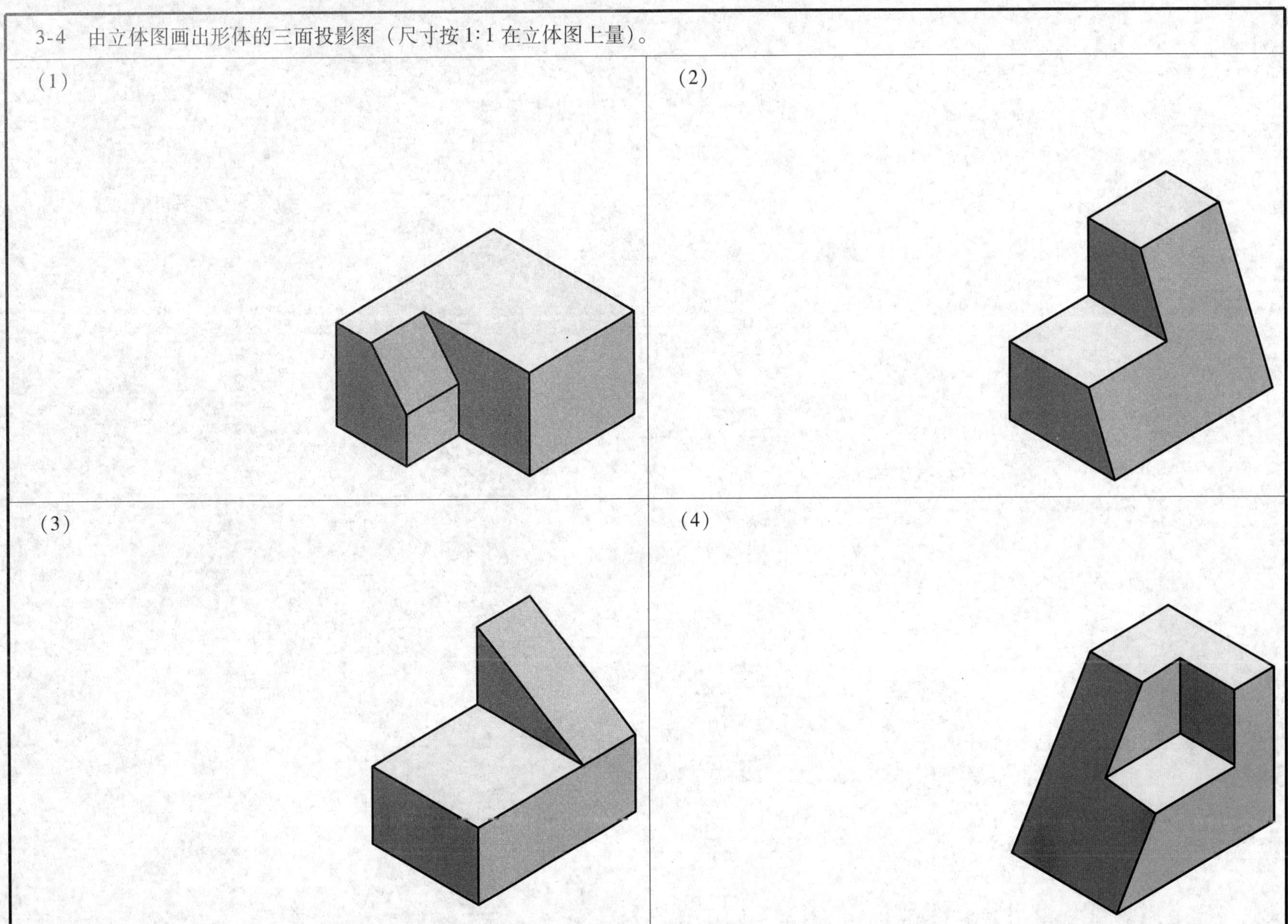

第四章　形体上基本元素的投影

4-1　由立体图画 *A*、*B* 两点的三面投影图（尺寸在立体图上量取）。

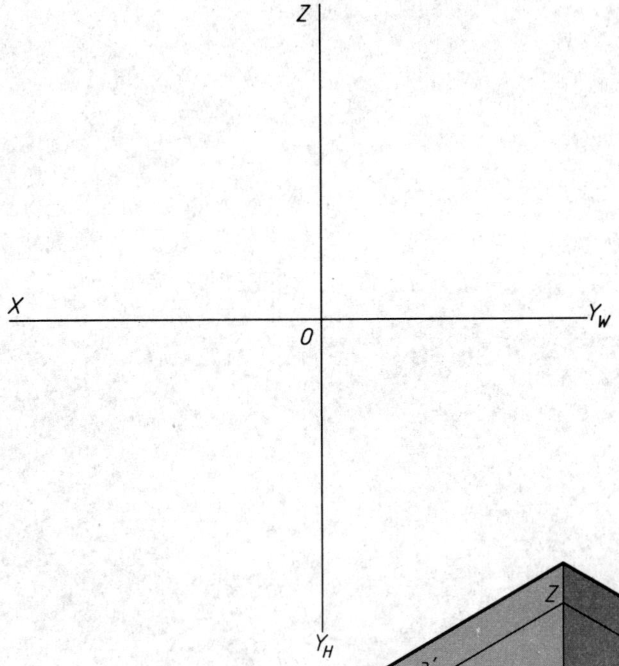

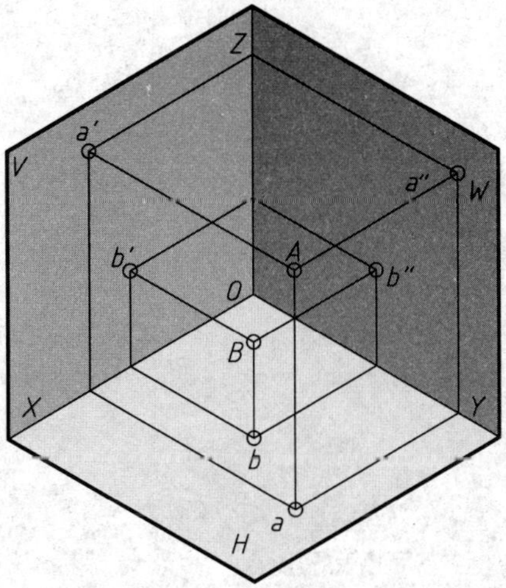

4-2　已知 *A*、*B* 两点的三面投影，判断 *A*、*B* 两点的位置。*A* 在 *B* 点之（　　）、之（　　）、之（　　），并在立体图上注出空间点及其投影的位置。

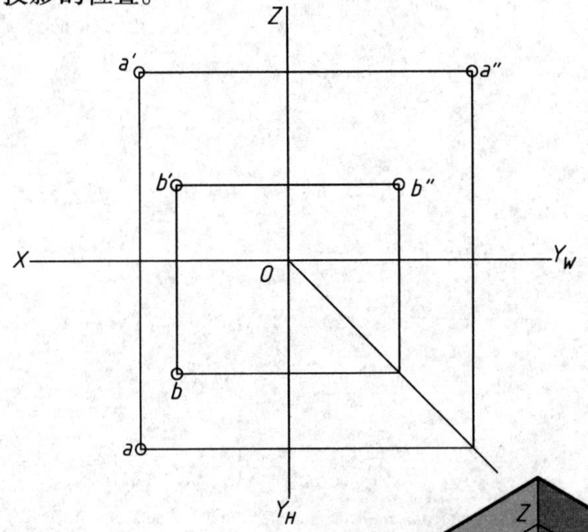

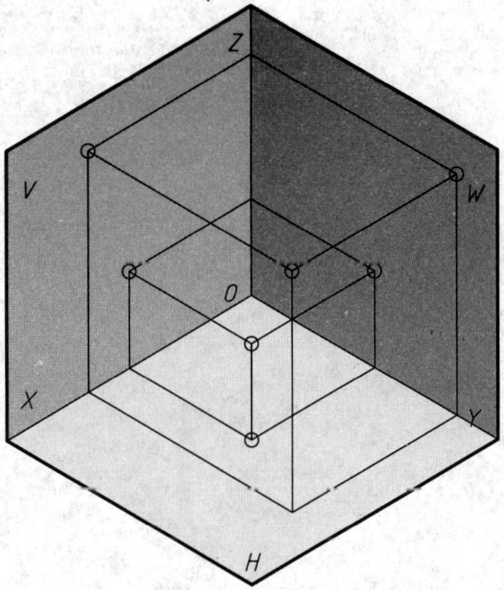

4-3　图为$\frac{1}{2}$U 形桥台台身的立体示意图和其三面投影图。请参照立体图，在三面投影中找出棱线 *CD*、*EF*、*GH* 的三面投影（用粗实线或中虚线描出并标注符号），并指出它们各为何种位置的直线。

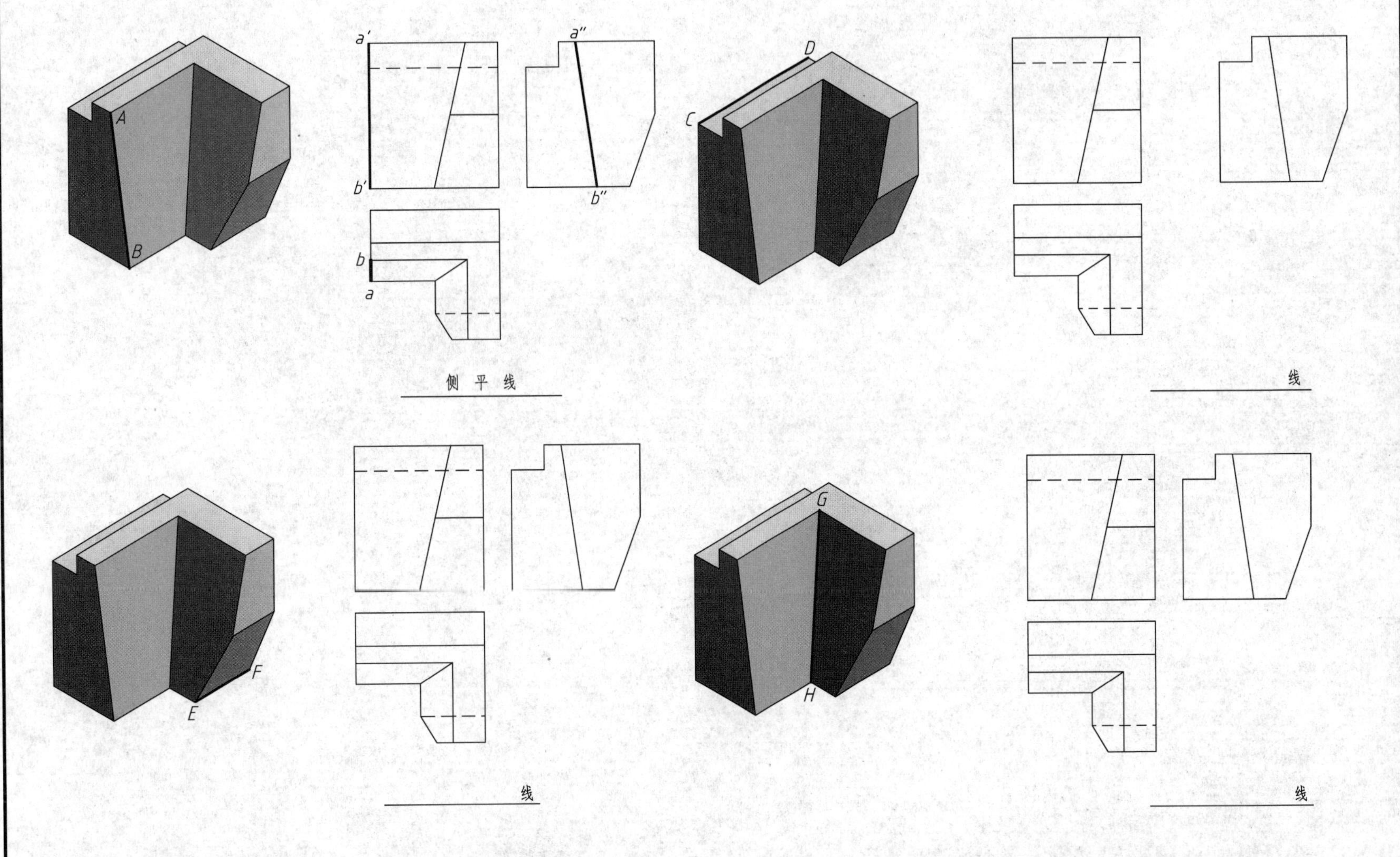

4-4 已知形体的三面投影及形体上直线的两面投影，请画出直线的第三面投影，并在立体图中指出其位置（用粗实线或中虚线描出并标注符号），并指出它们各为何种位置的直线。

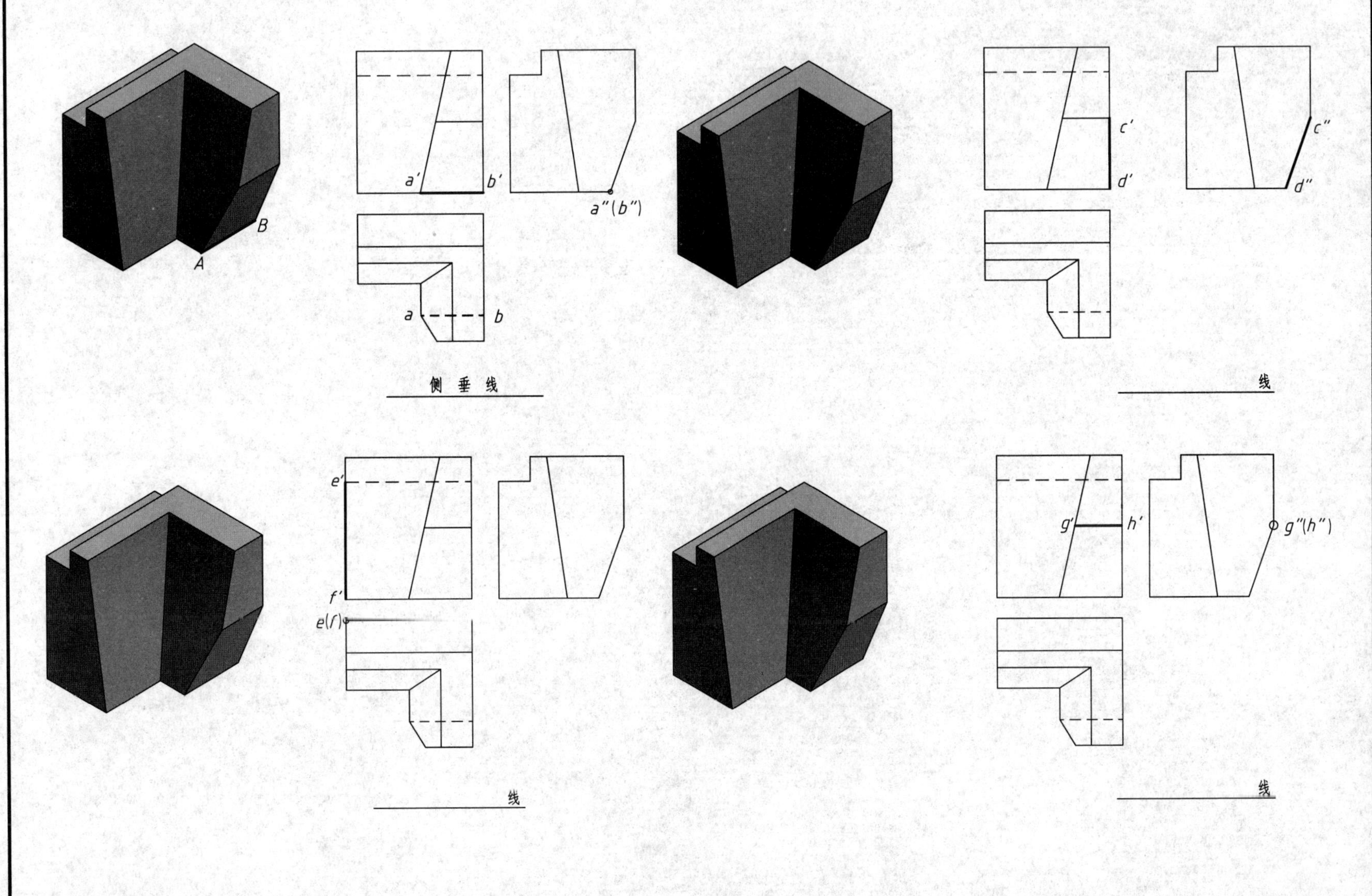

4-5　图为一涵洞八字墙的立体示意图和其三面投影图。请参照立体图，在三面投影图中找出平面 *Q*、*R* 及 *ABCD* 的三面投影（用粗实线或中虚线描深），并指出它们各为何种位置的平面。

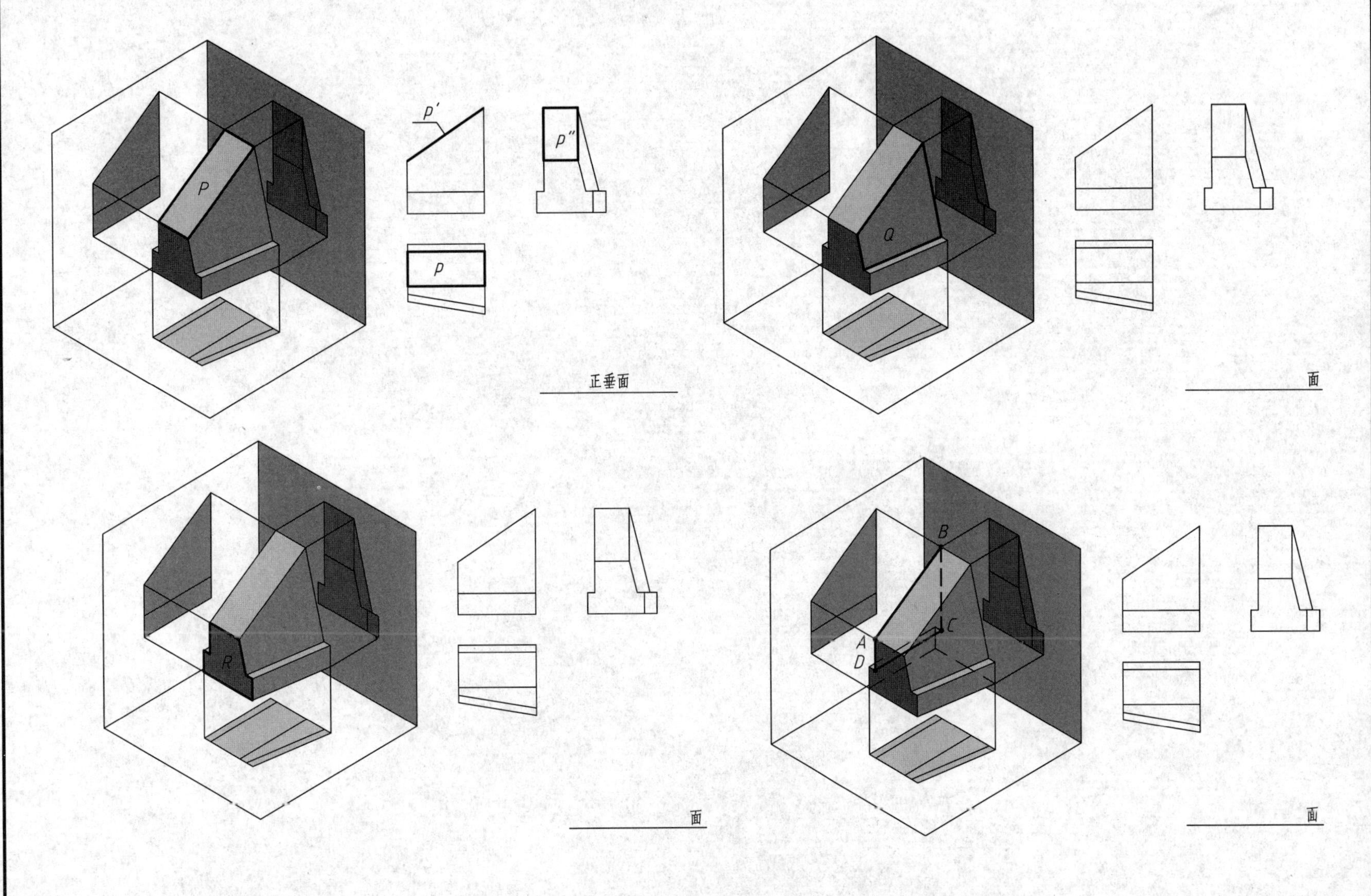

4-6　已知形体（涵洞八字墙）的三面投影及形体表面的两面投影，请画出该表面的第三面投影（用粗实线或中虚线描出并标注符号），并在立体图中指出其位置（用粗实线或中虚线描出并标注符号），指出它们各为何种位置的平面。

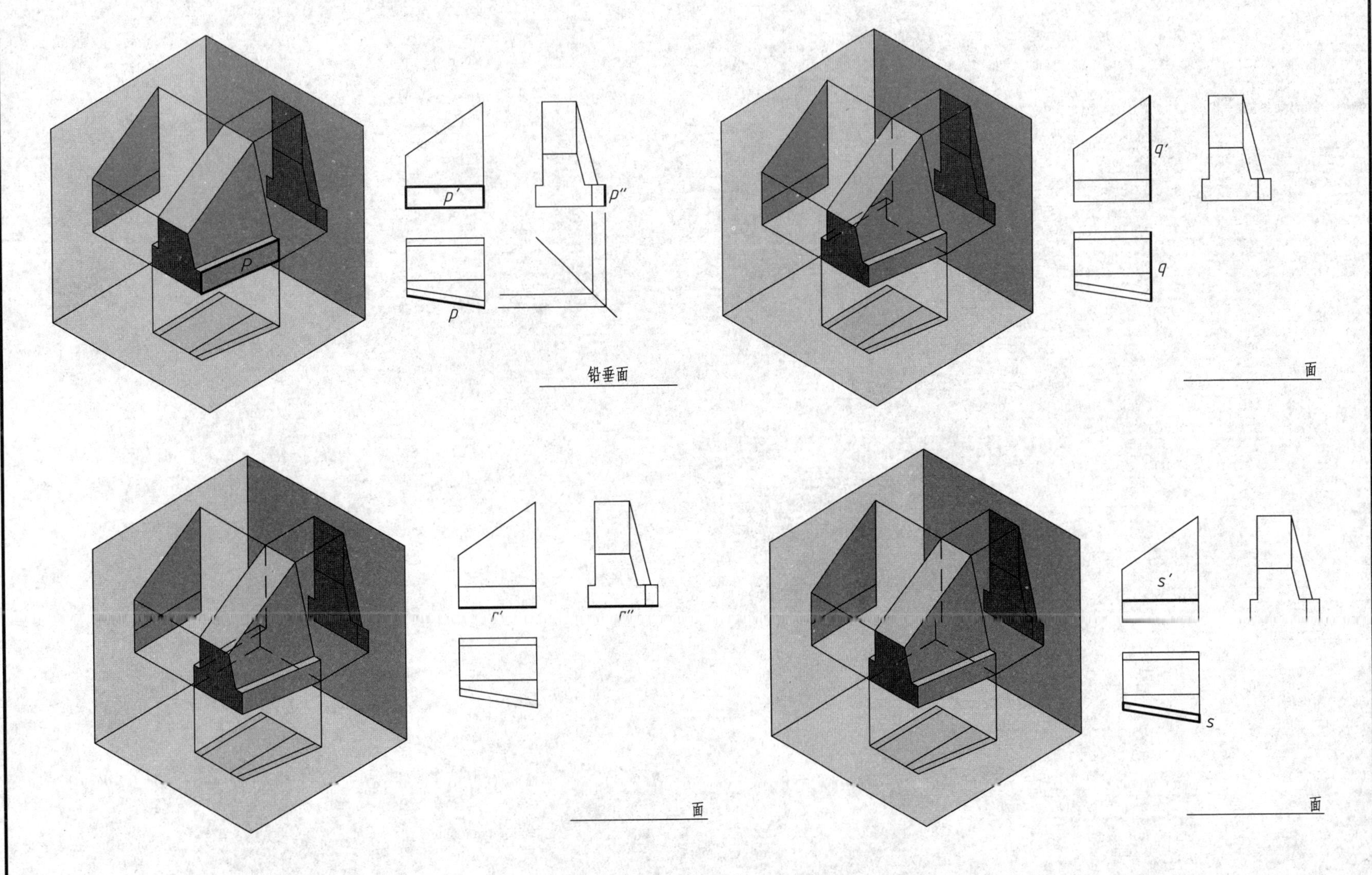

4-7 图为$\frac{1}{2}$桥台台身的立体示意图和其三面投影图。请参照立体图，在三面投影图中找出平面 Q、R 及 S 的三面投影（用粗实线或中虚线描深），并指出它们各为何种位置的平面。

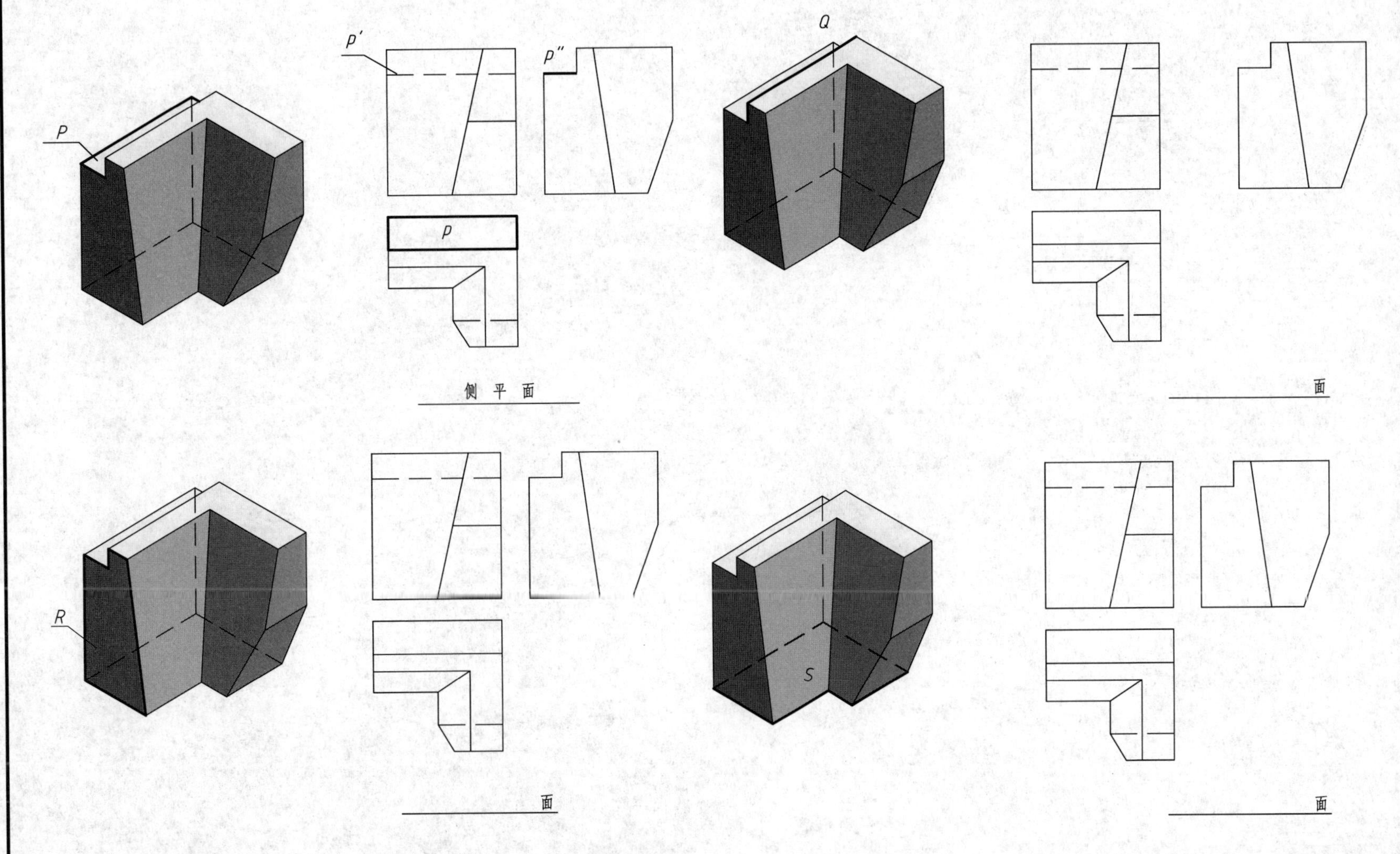

4-8 已知形体（$\frac{1}{2}$桥台台身）的三面投影及形体表面的两面投影，请画出该表面的第三面投影（用粗实线或中虚线描出并标注符号），并在立体图中指出其位置（用粗实线或中虚线描出并标注符号），指出它们各为何种位置的平面。

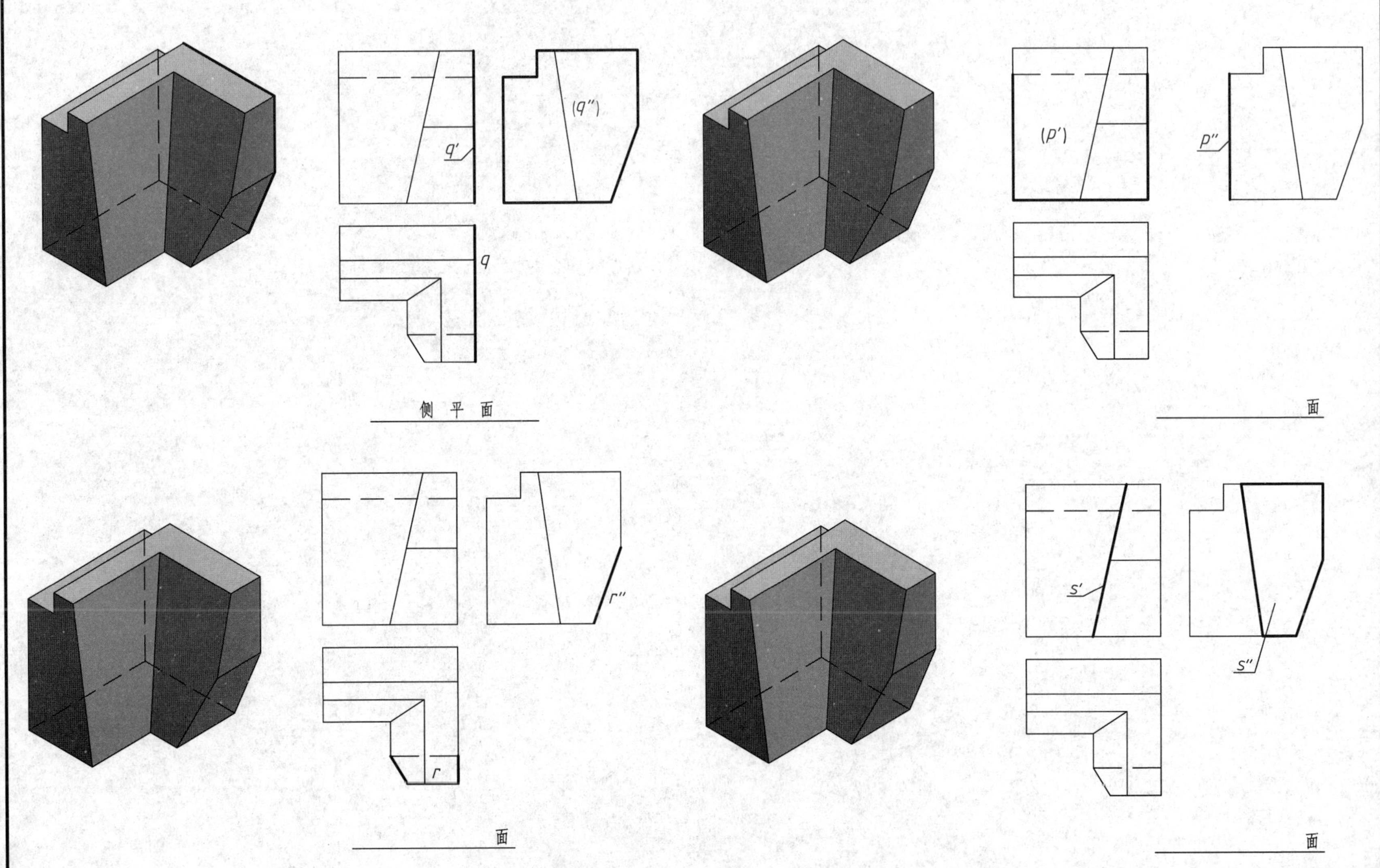

第五章　形体的投影

5-1　补全下列三面投影图中所缺线条。

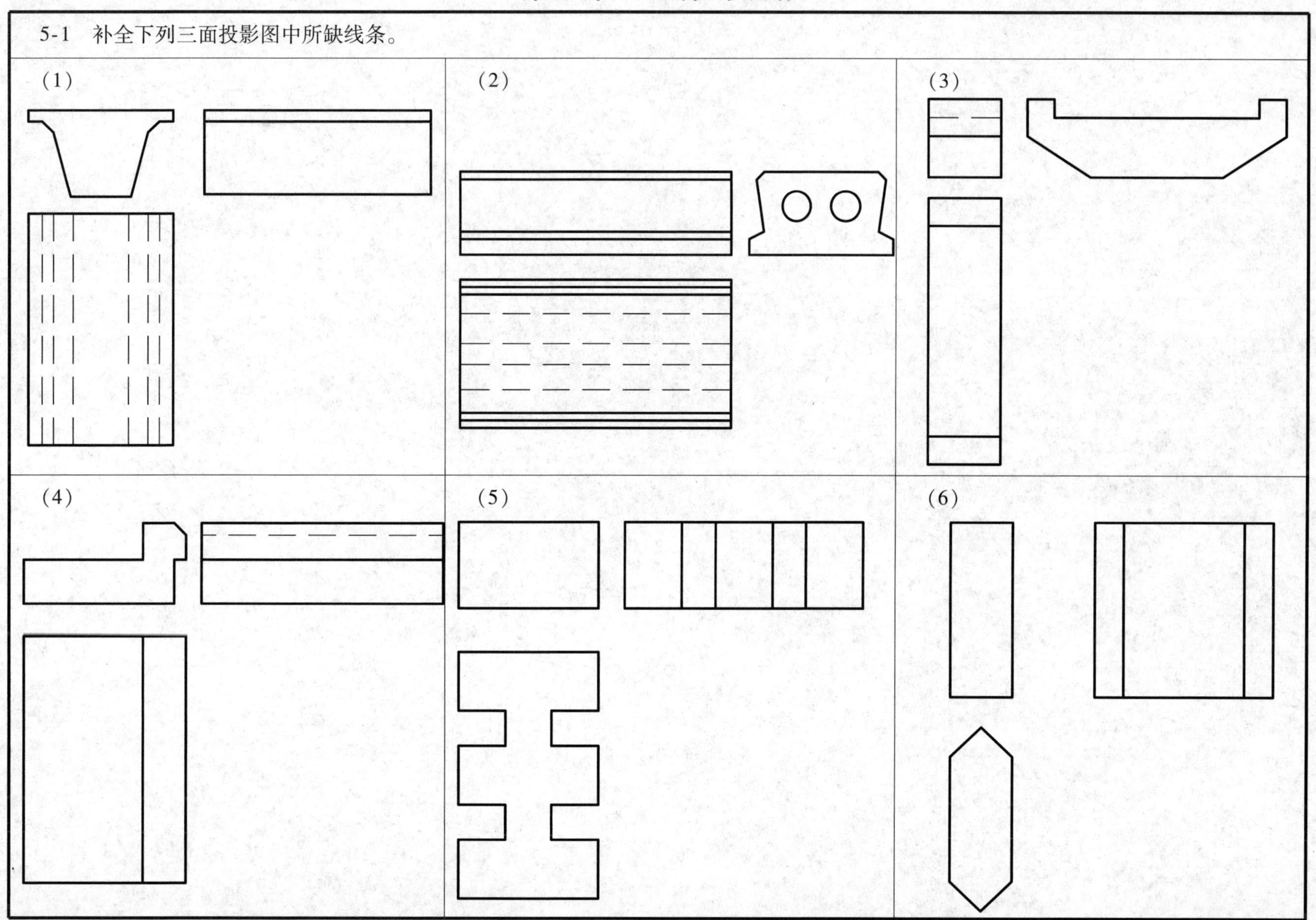

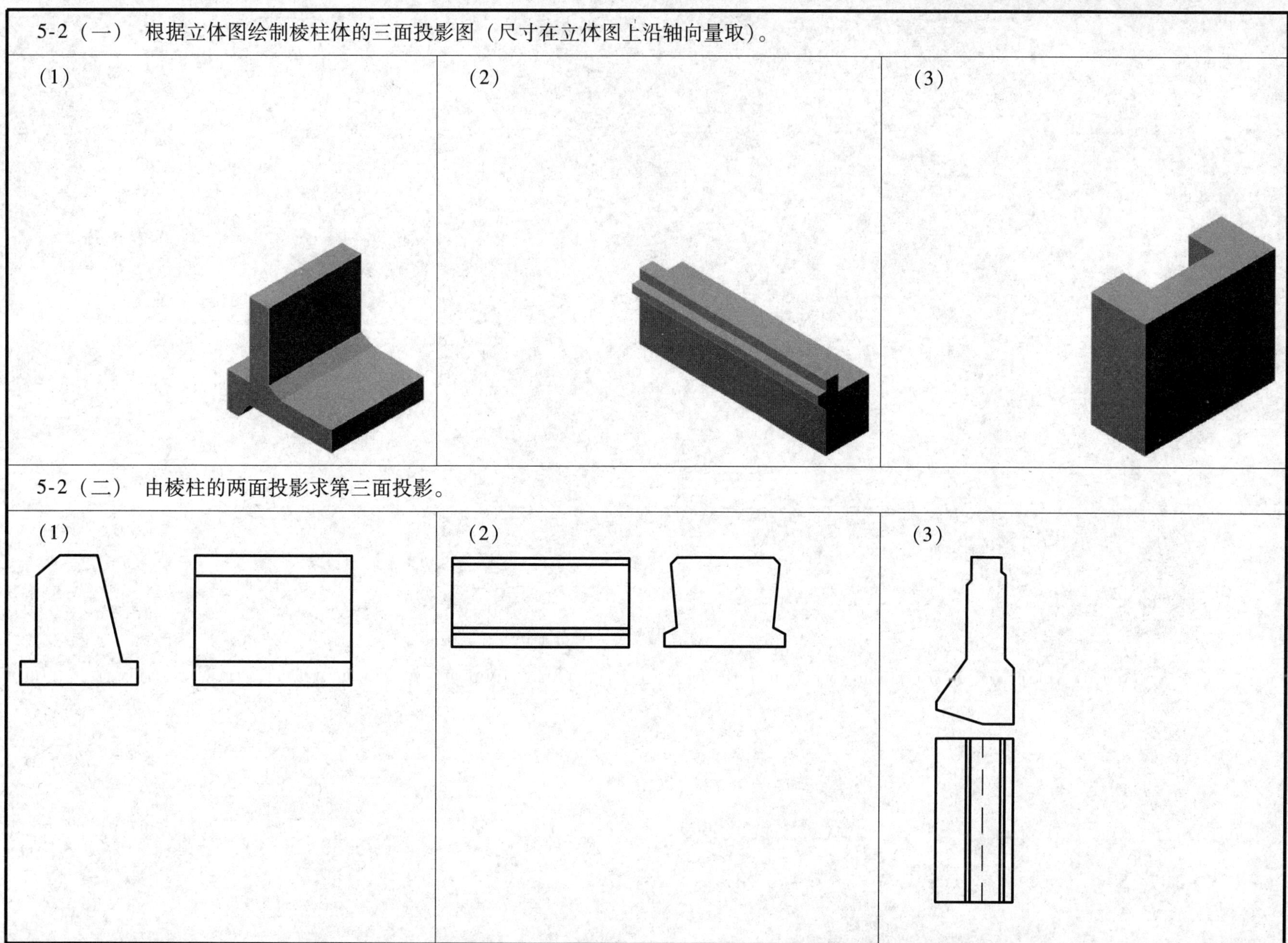

5-2（一） 根据立体图绘制棱柱体的三面投影图（尺寸在立体图上沿轴向量取）。
(1)
(2)
(3)
5-2（二） 由棱柱的两面投影求第三面投影。
(1)
(2)
(3)

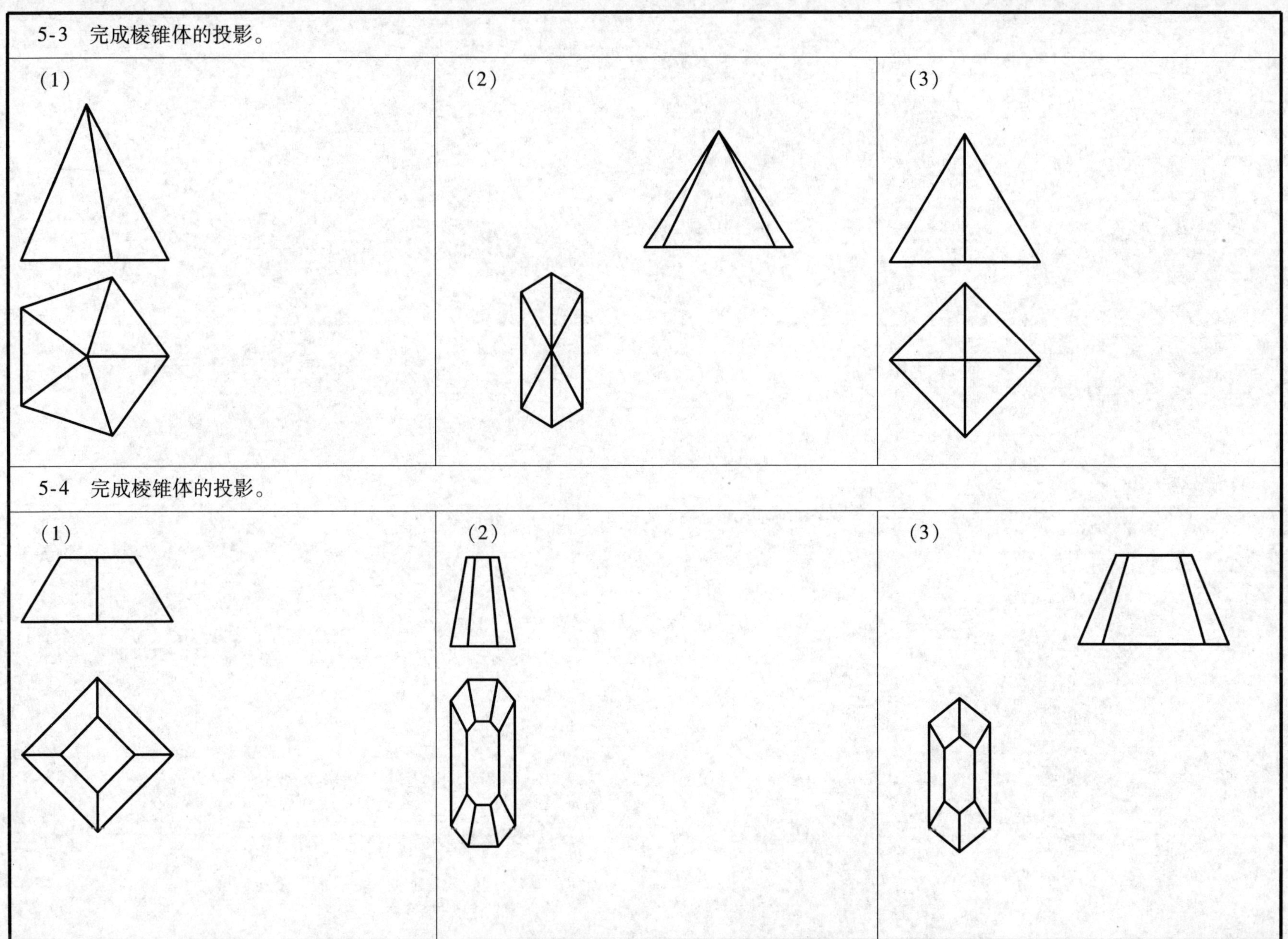
5-3　完成棱锥体的投影。
(1)
(2)
(3)
5-4　完成棱锥体的投影。
(1)
(2)
(3)

5-5　完成下列组合体的三面投影图（比例1:1）。

(1)

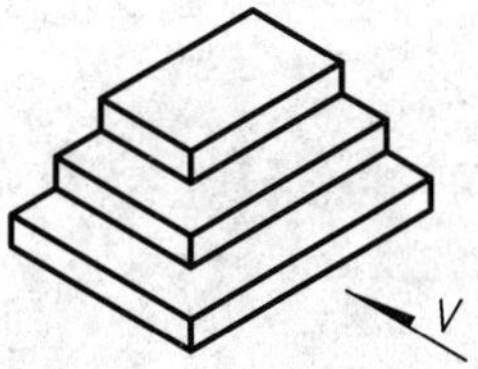

V

(2)

V

(3)

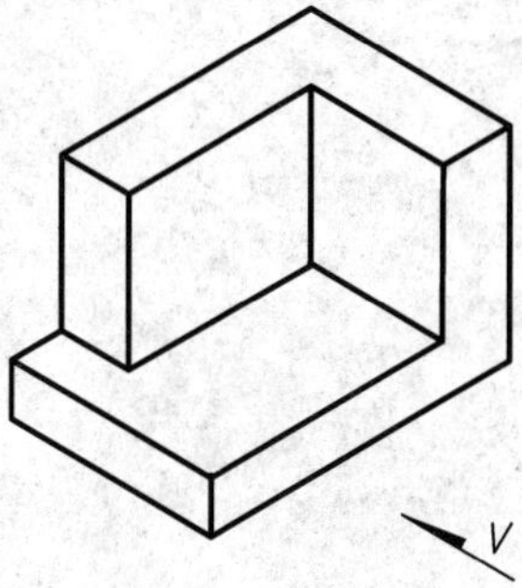

V

(4)

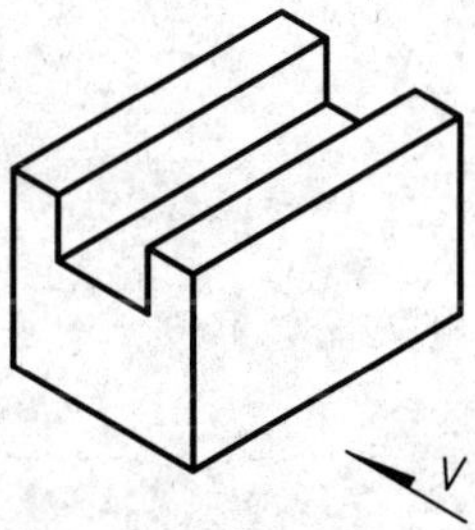

V

(5)

V

(6)

V

5-6　补全下列三面投影图中所缺线条。

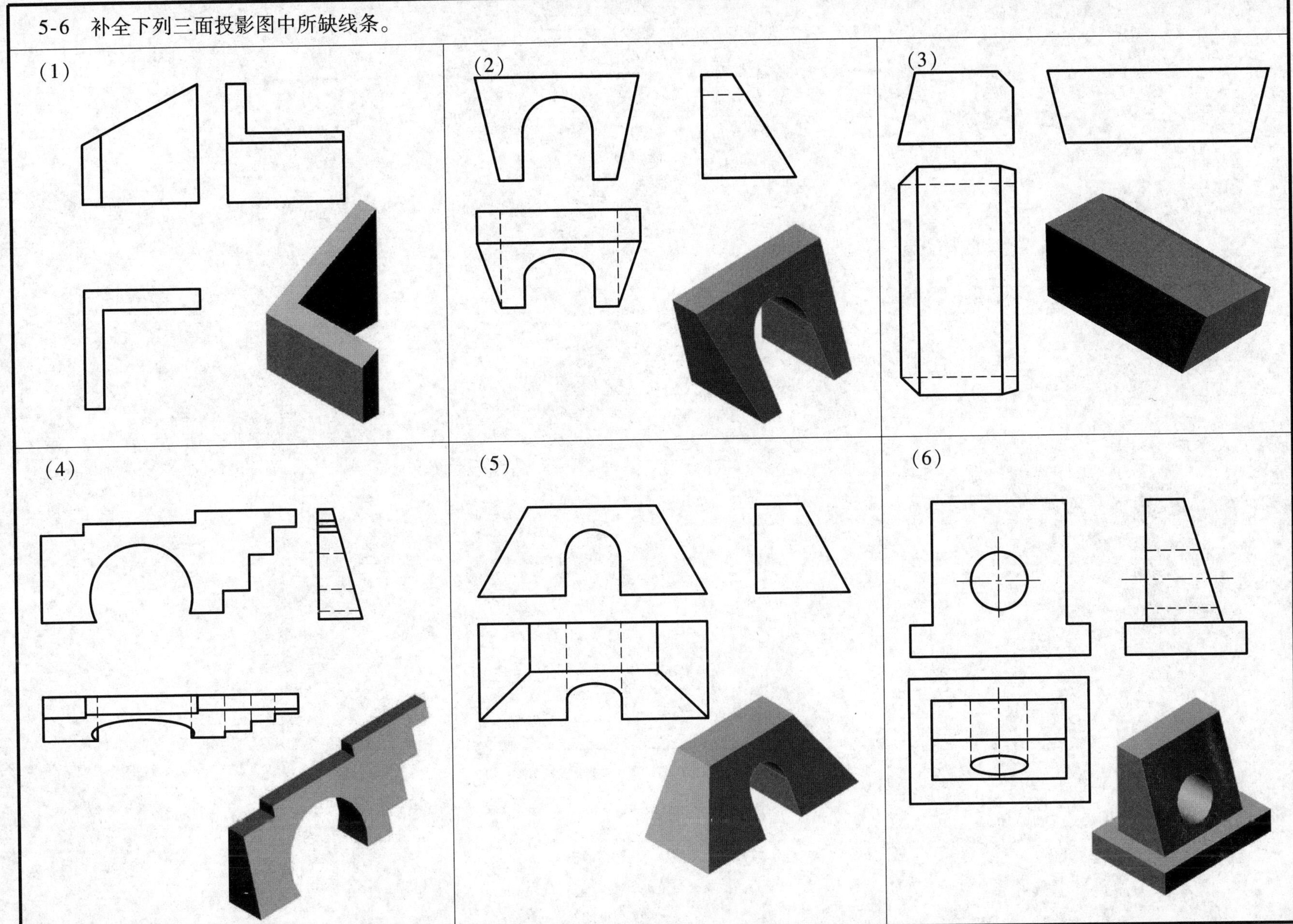

5-7 补全下列三面投影图中所缺线条。

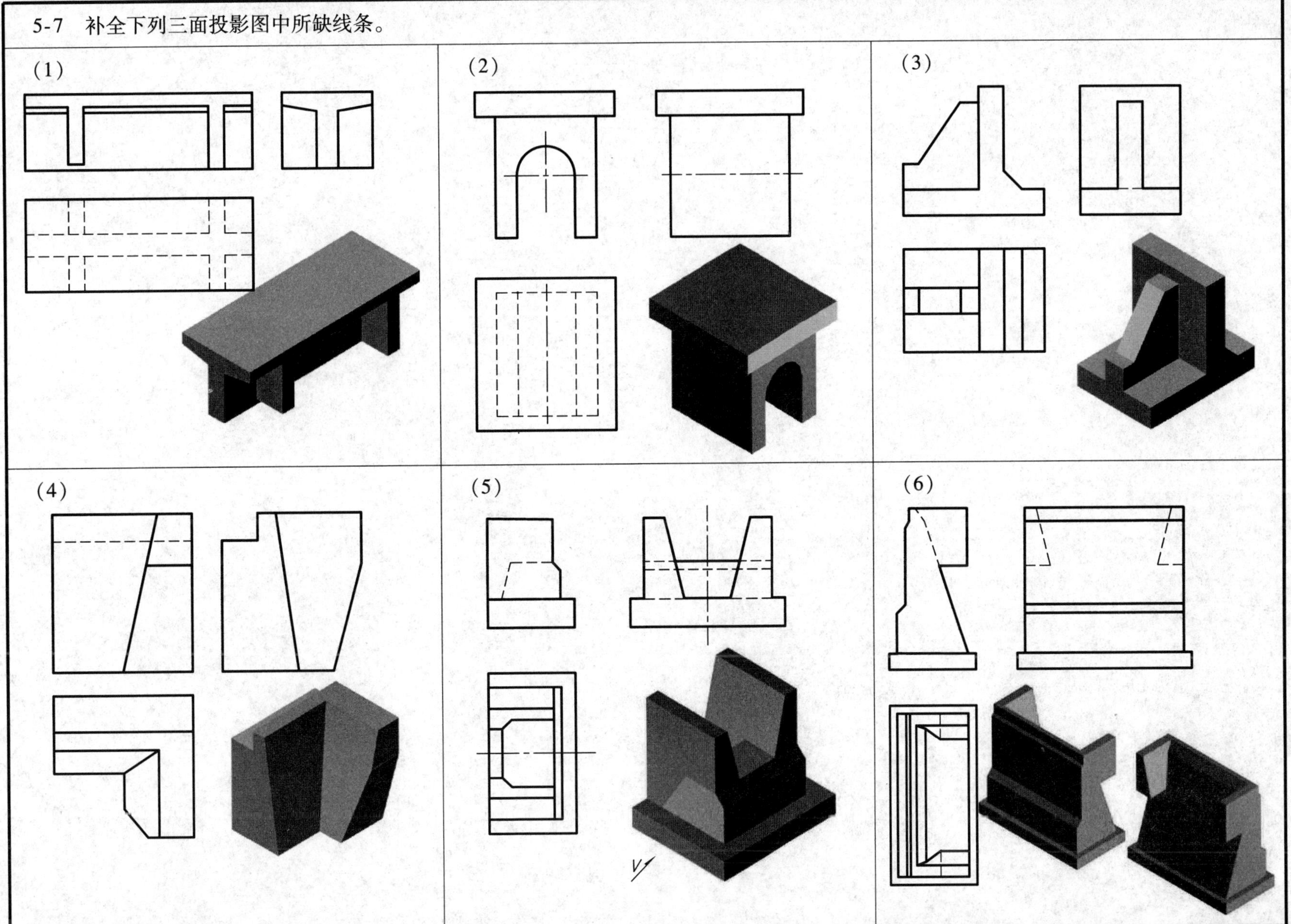

5-8　已知形体的两面投影，完成第三面投影。

5-9 已知形体的两面投影，完成第三面投影。

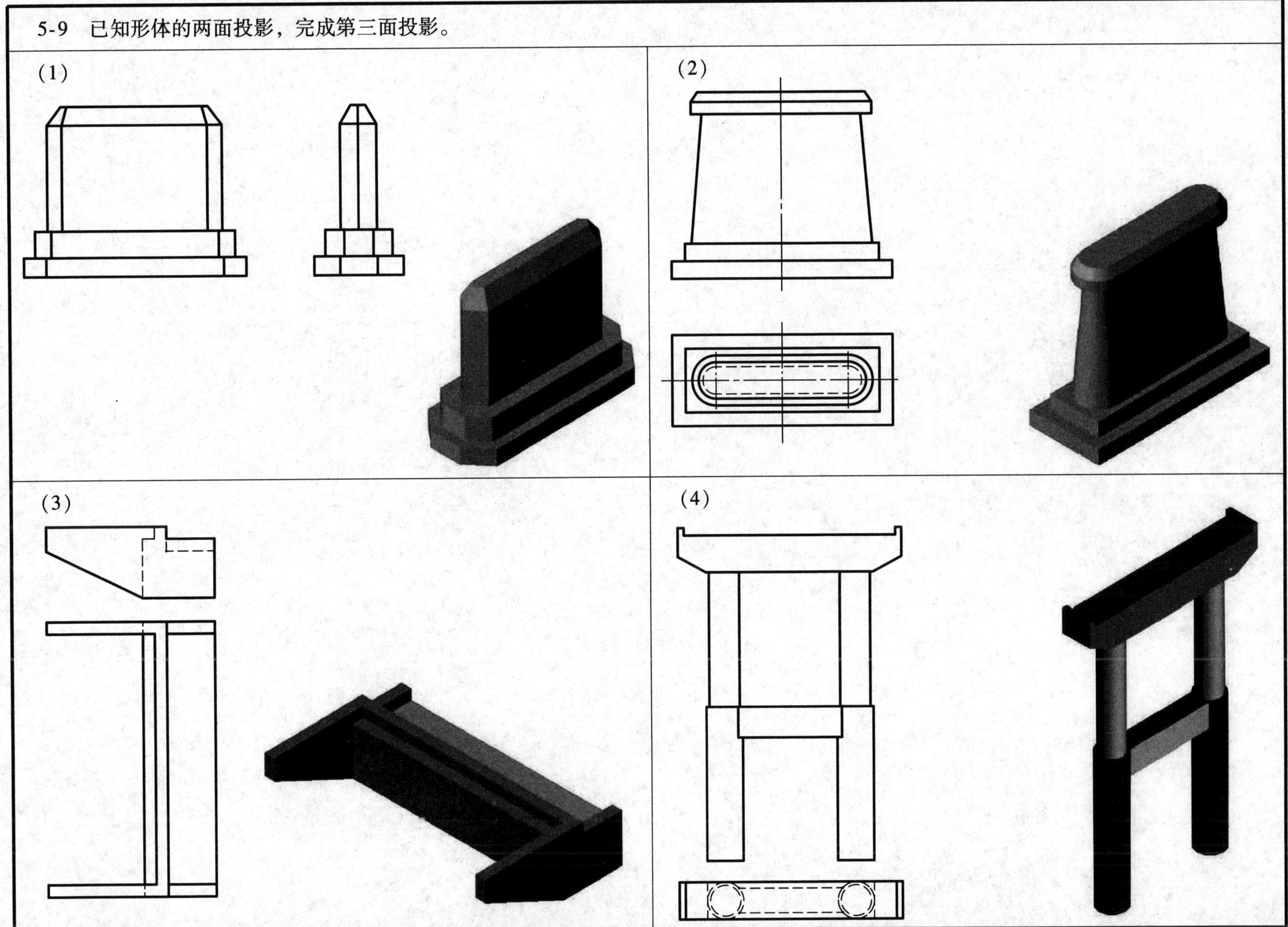

5-10　已知形体的两面投影，完成第三面投影。

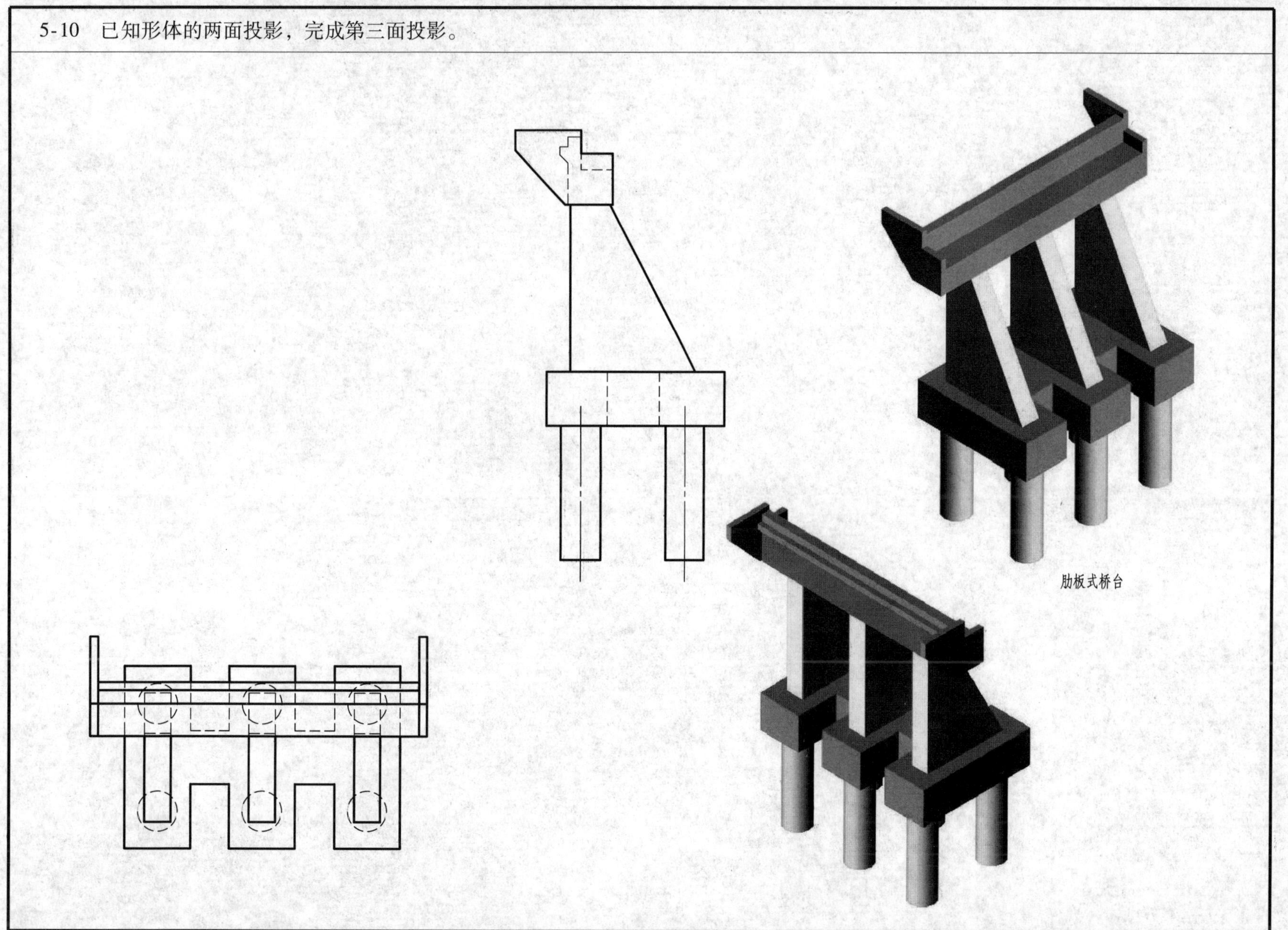

5-11　已知形体的两面投影，完成第三面投影。

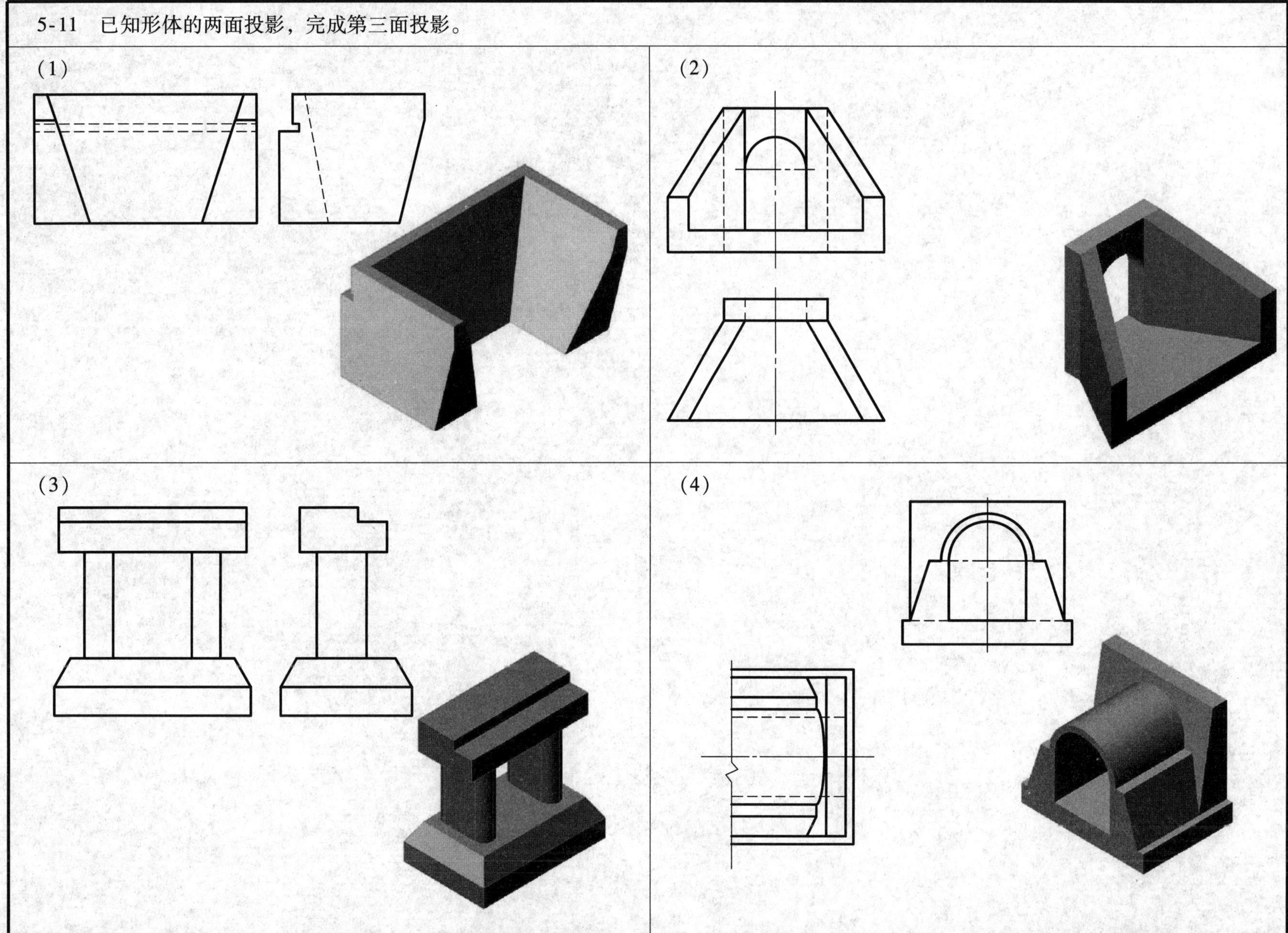

5-12 已知形体的两面投影，完成第三面投影。

(1)

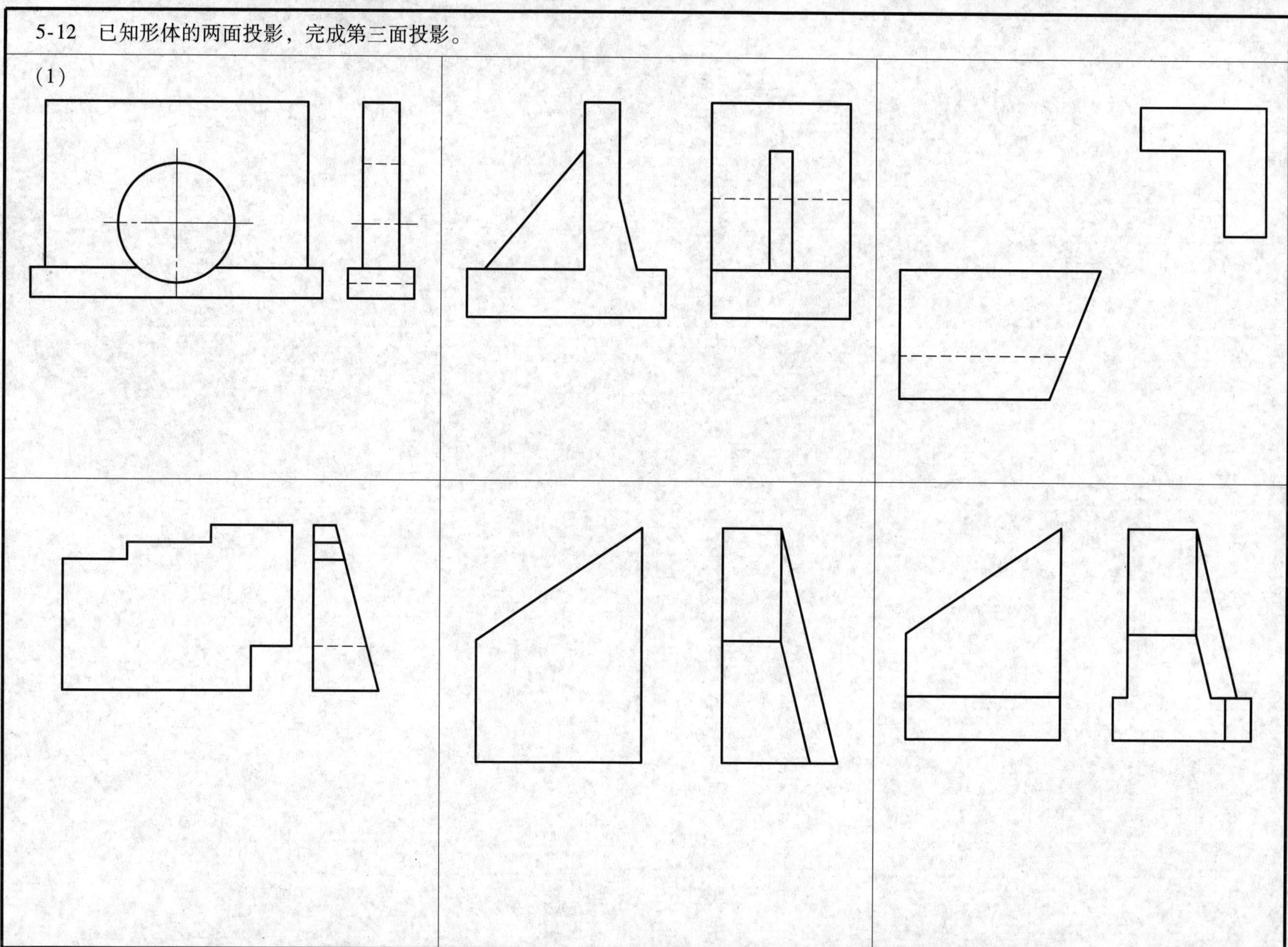

5-13* 已知形体的两面投影，完成第三面投影。

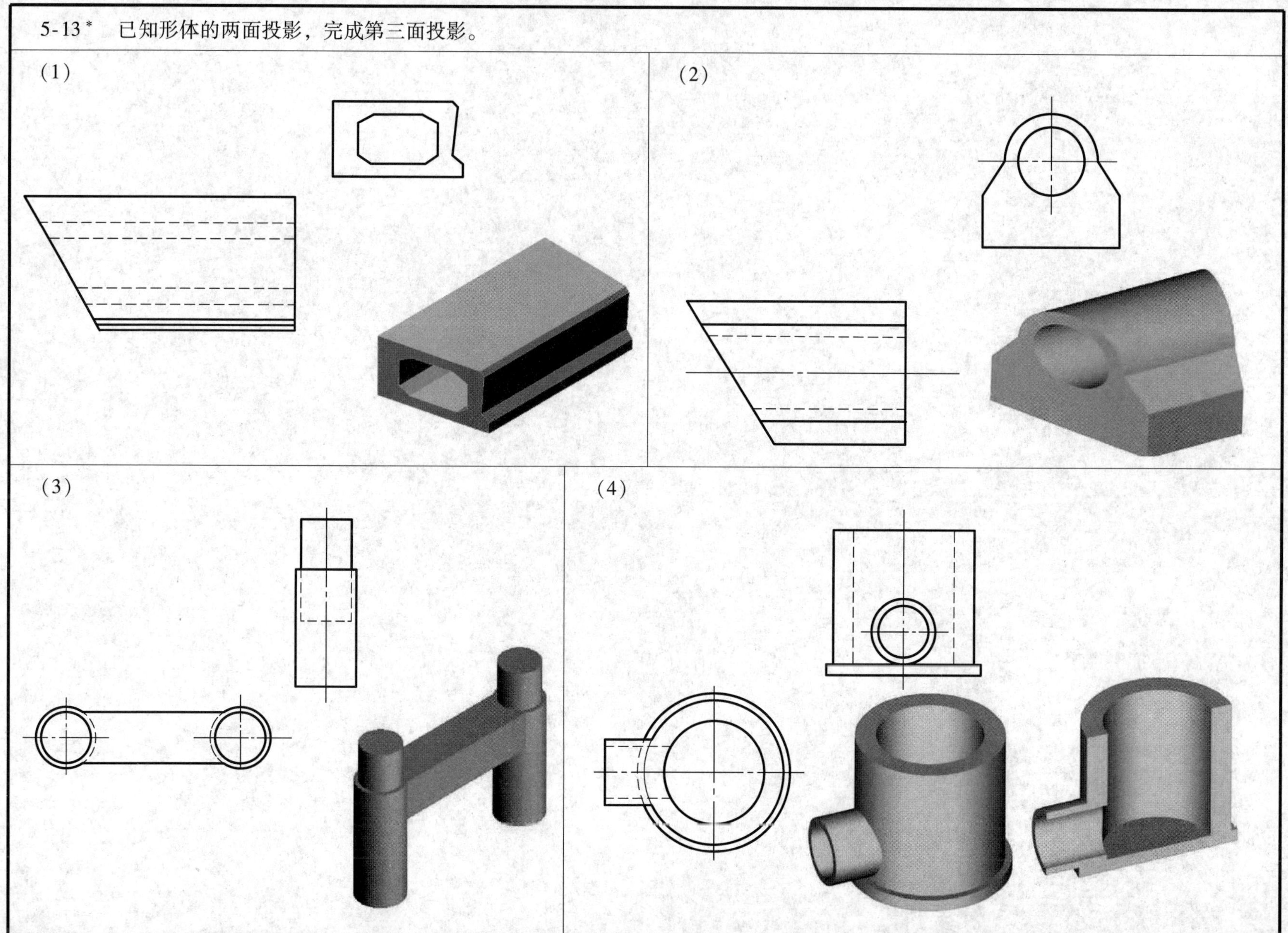

5-14* 已知形体的两面投影，完成第三面投影。

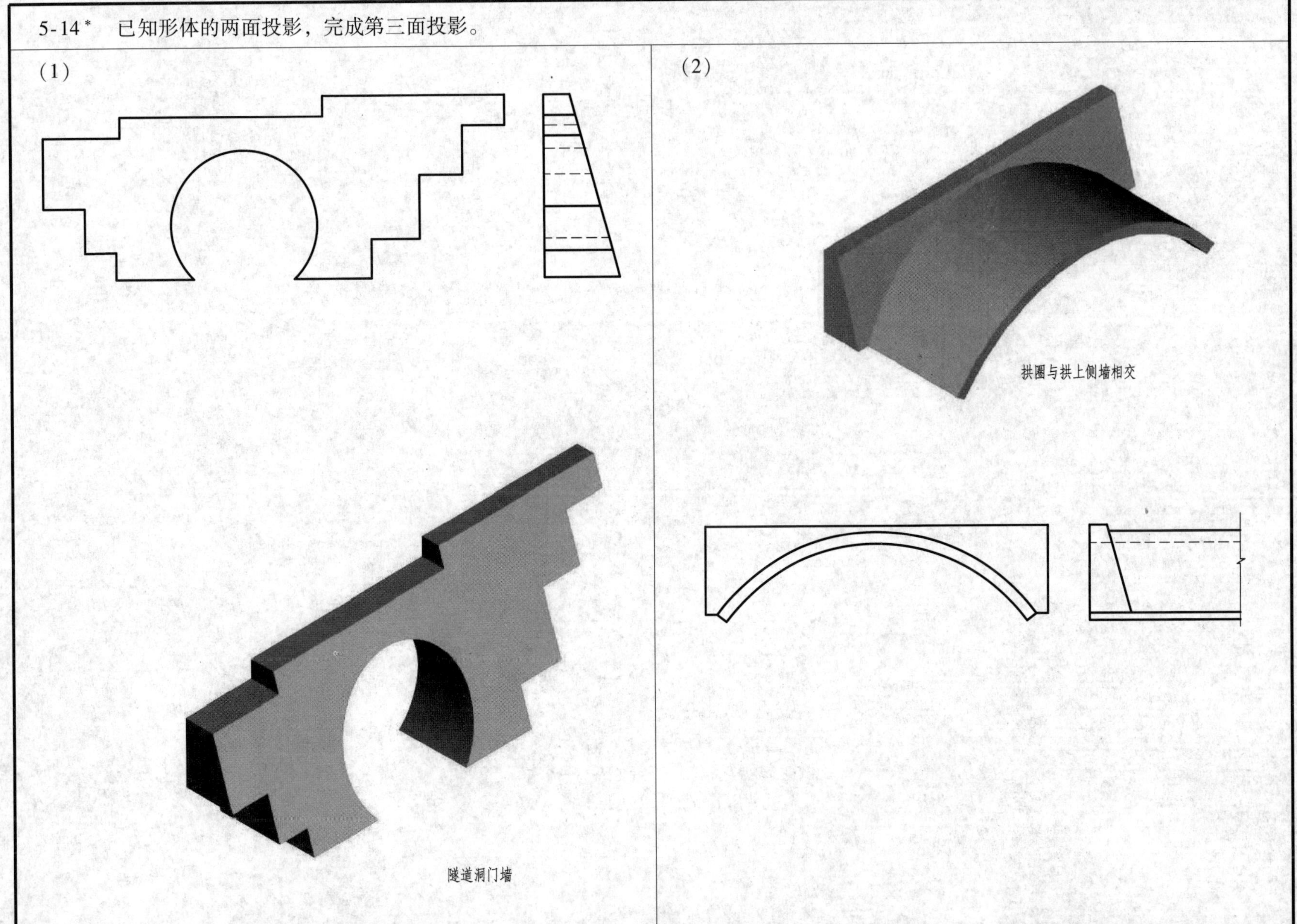

第六章　轴测投影图

6-1　画出形体的正等测投影图（尺寸按 1∶1 在投影图上量）。

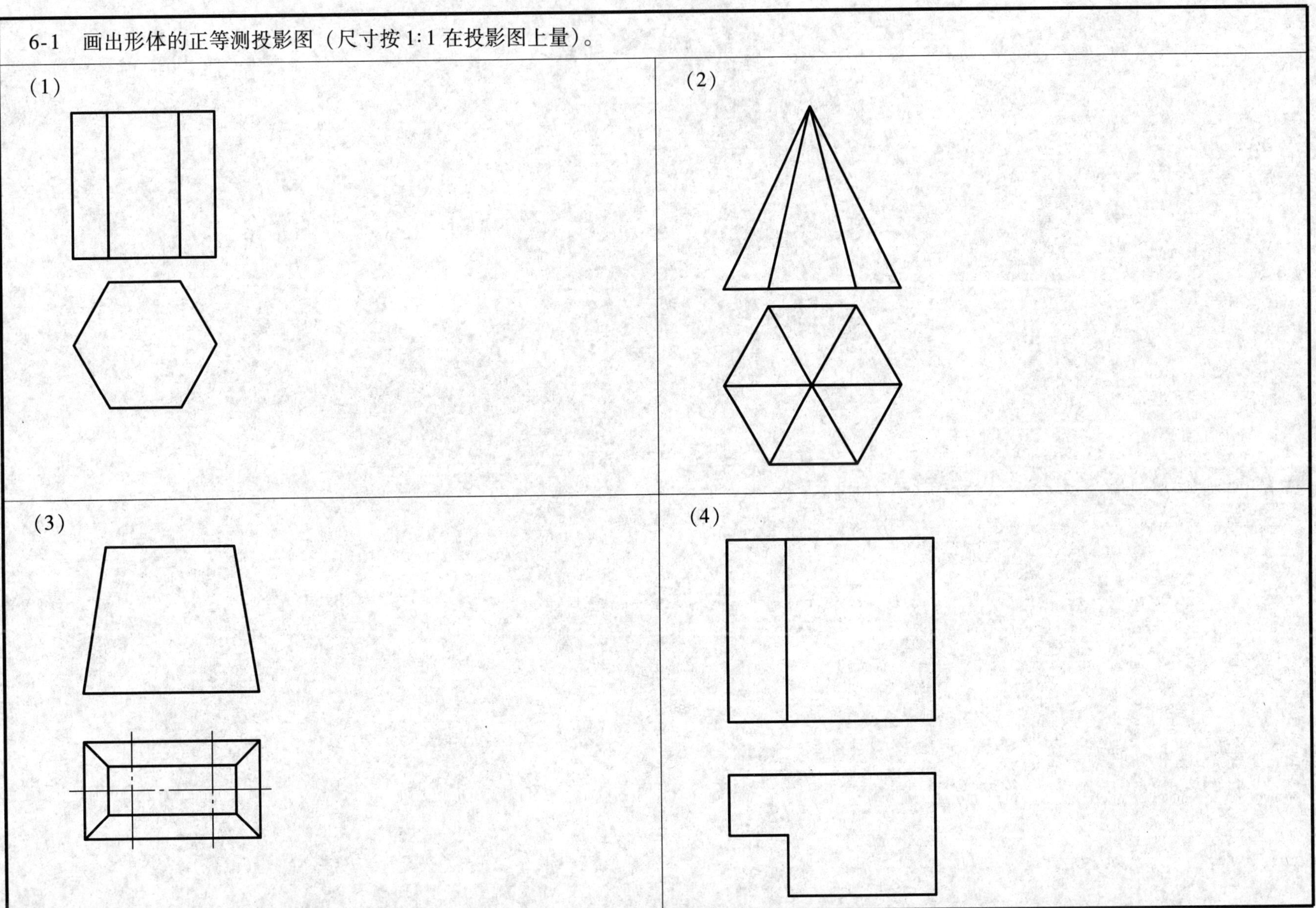

6-2　画出形体的正等测投影图（尺寸按 1:1 在投影图上量）。

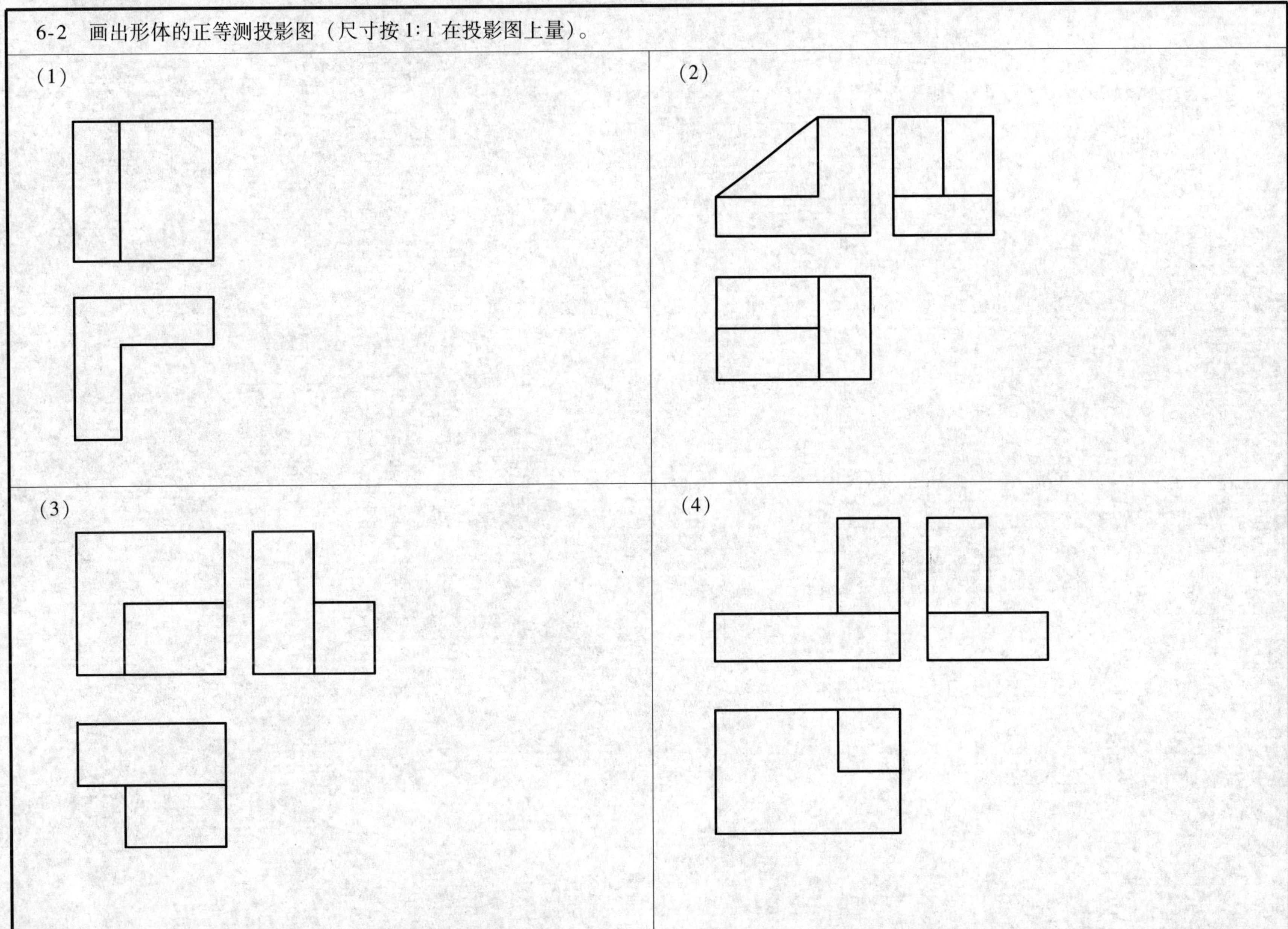

6-3　在指定位置画出形体的斜二测投影图（尺寸按1:1在投影图上量）。

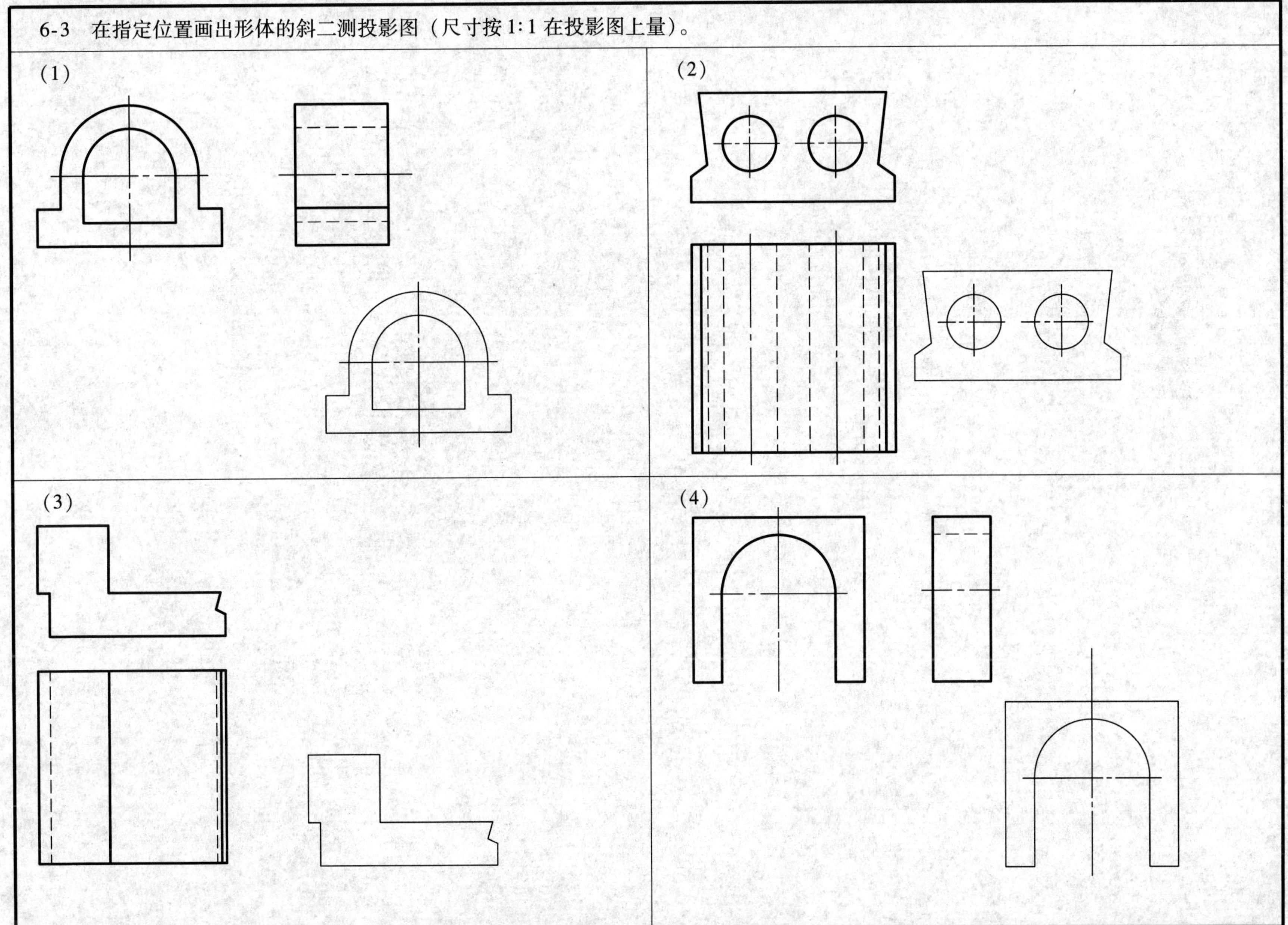

6-4　在指定位置画出形体的斜二测投影图（尺寸按 1∶1 在投影图上量）。

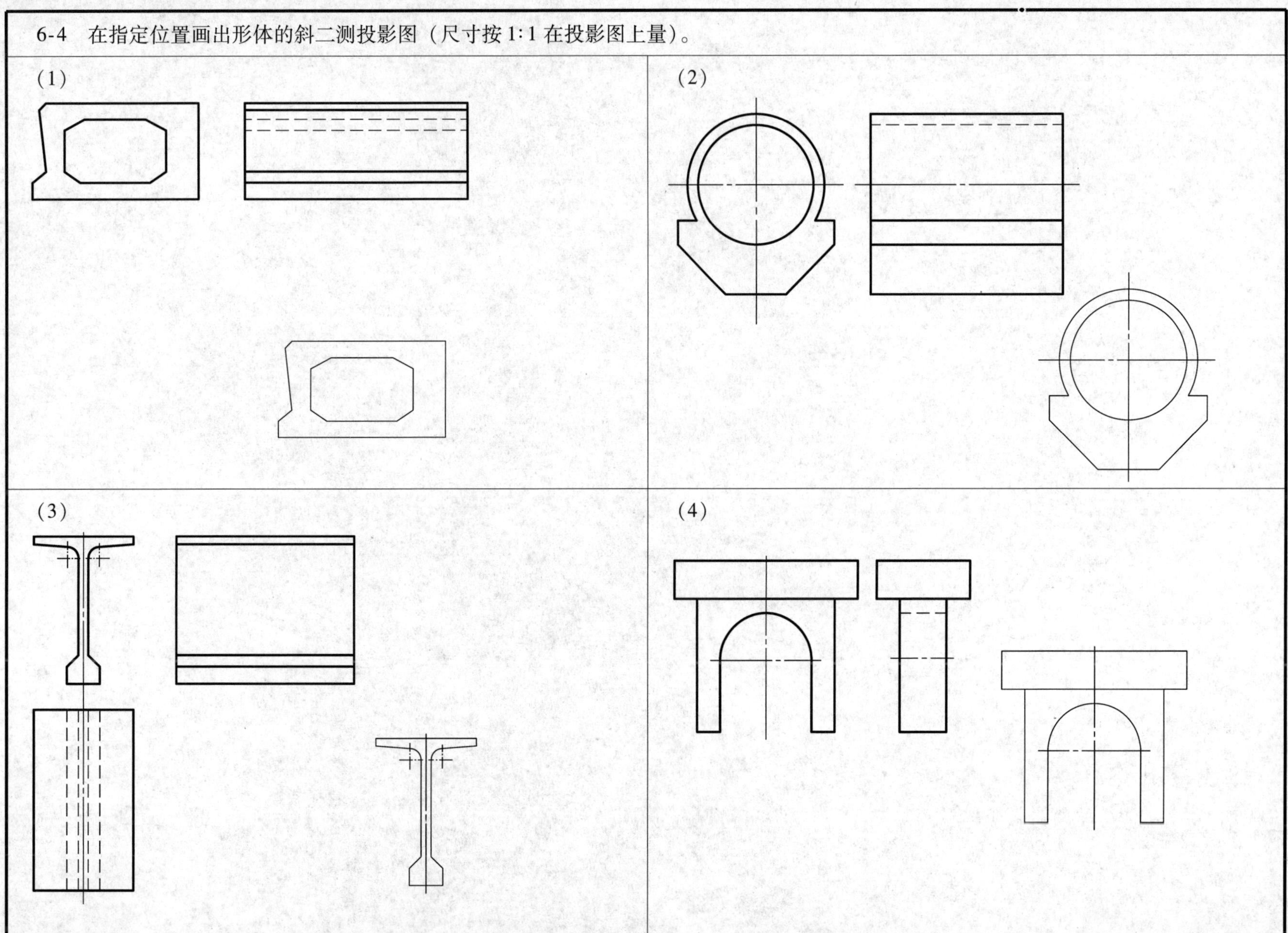

6-5　画出形体的正等测投影图（尺寸按 1∶1 在投影图上量）。

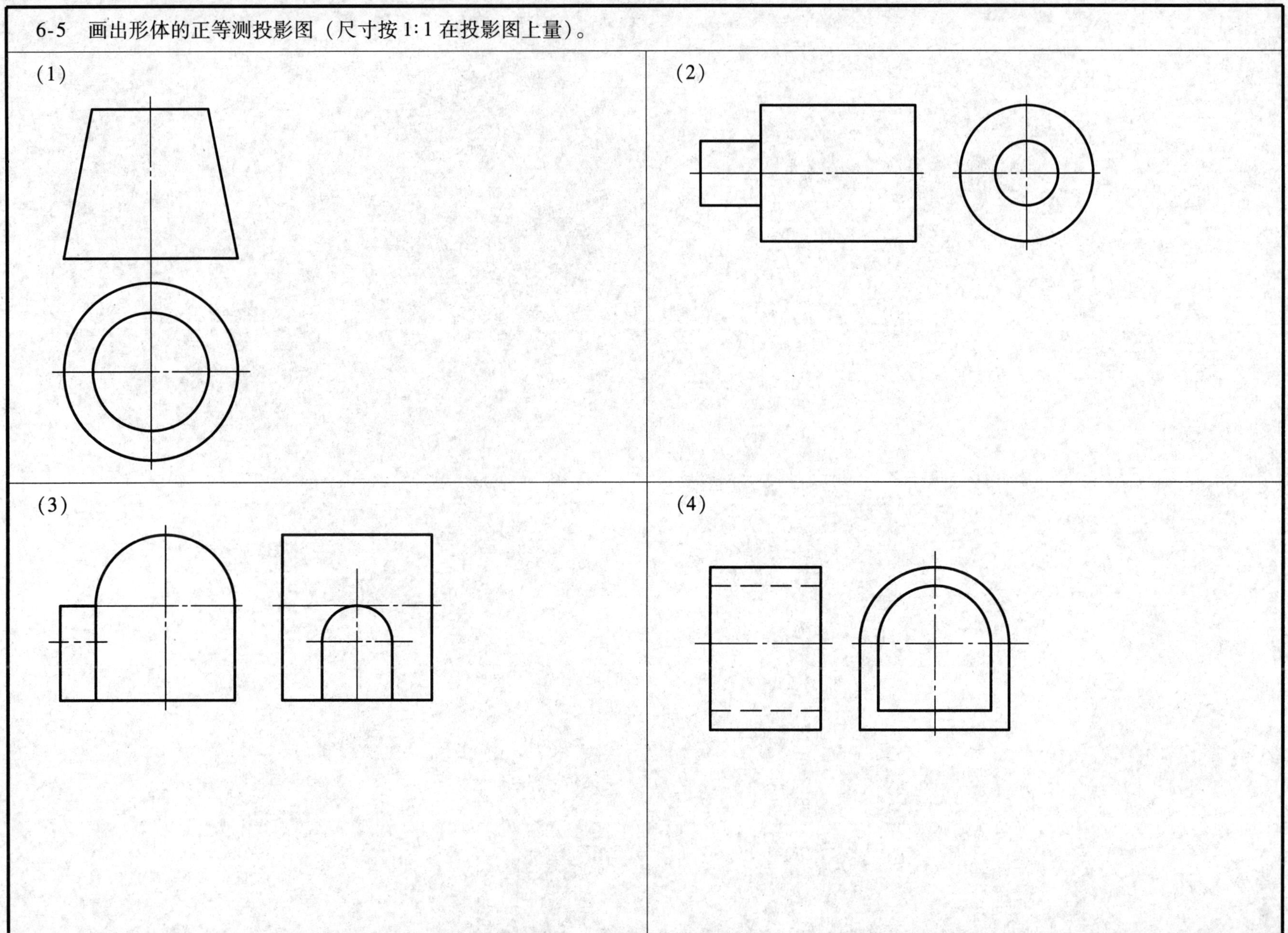

第七章　剖面图和断面图

7-1　剖面图练习

（1）作 *A—A* 半剖面图、*B—B* 全剖面图。

（2）将图示形体的正面投影画成半剖面图。

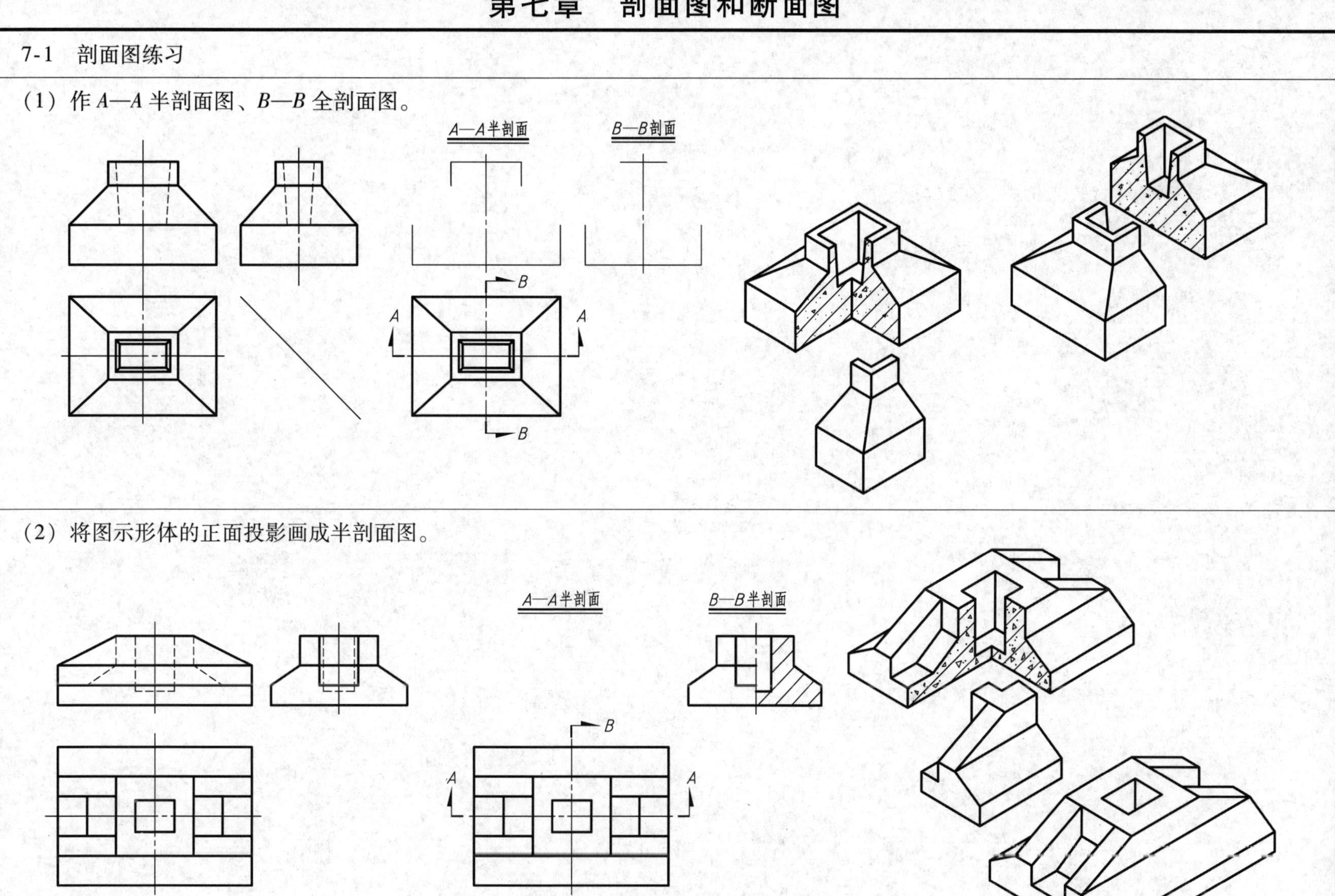

7-2　剖面图练习

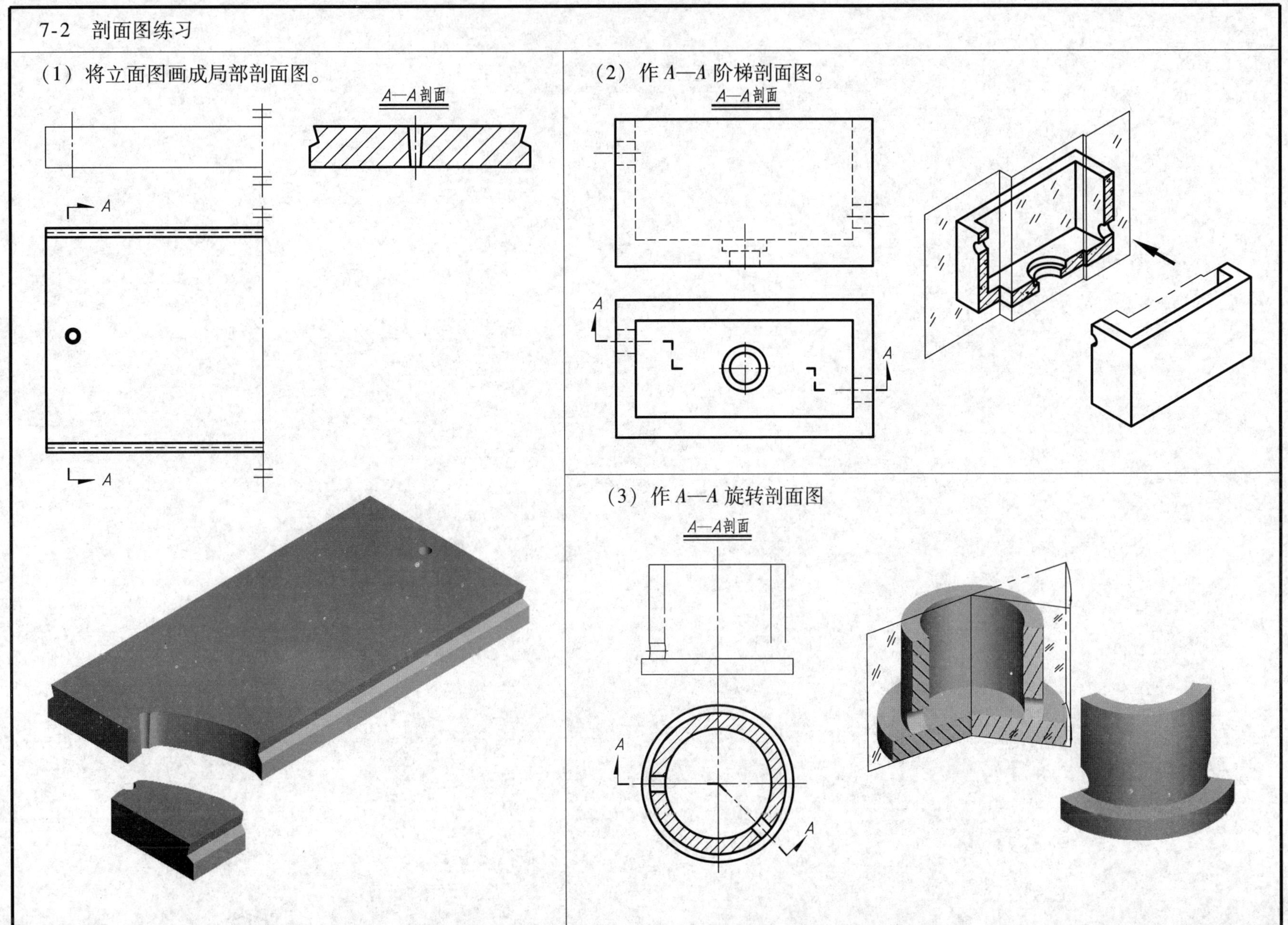

7-3　补出剖面图中所缺的线。

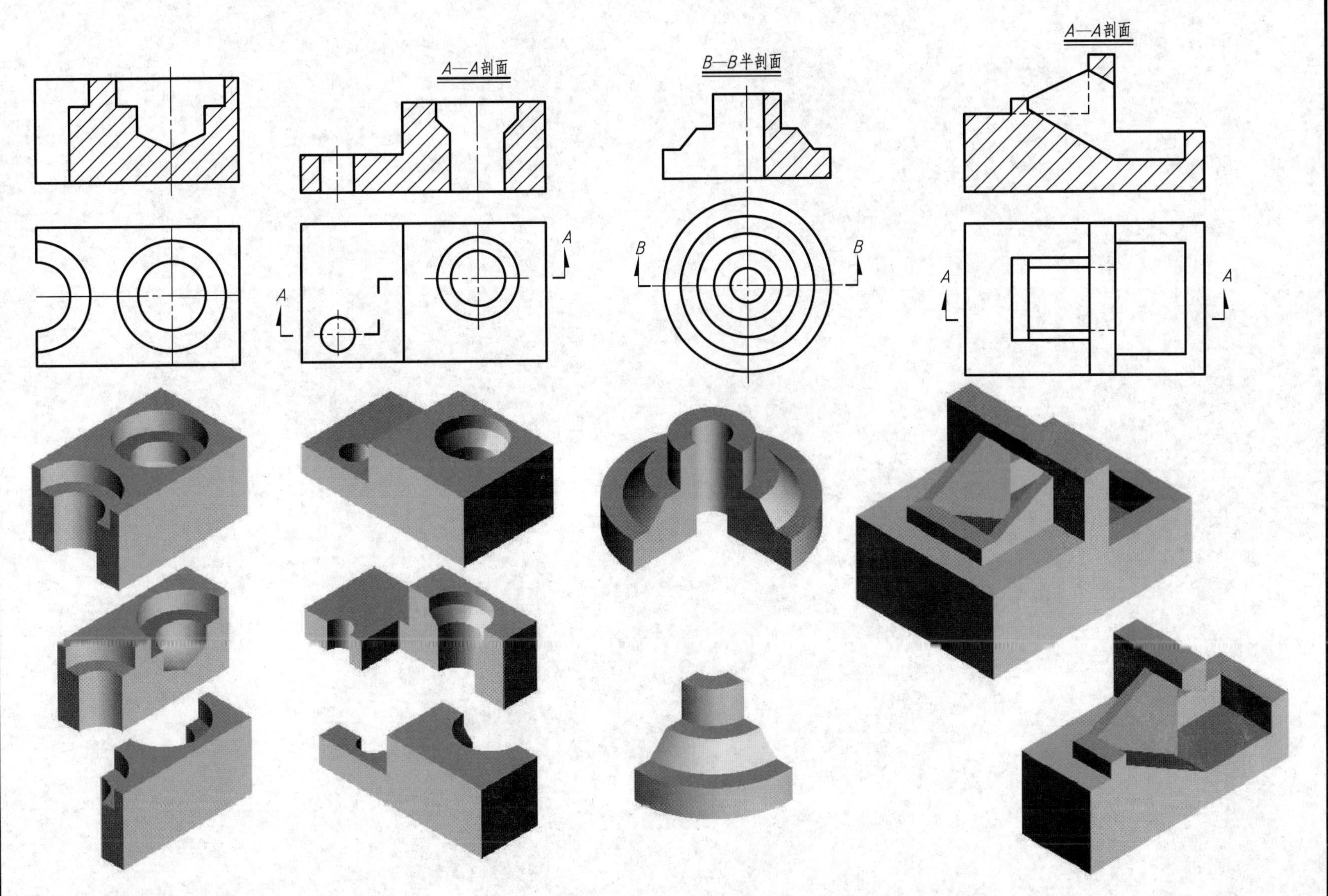

7-4　补出剖面图中所缺的线。

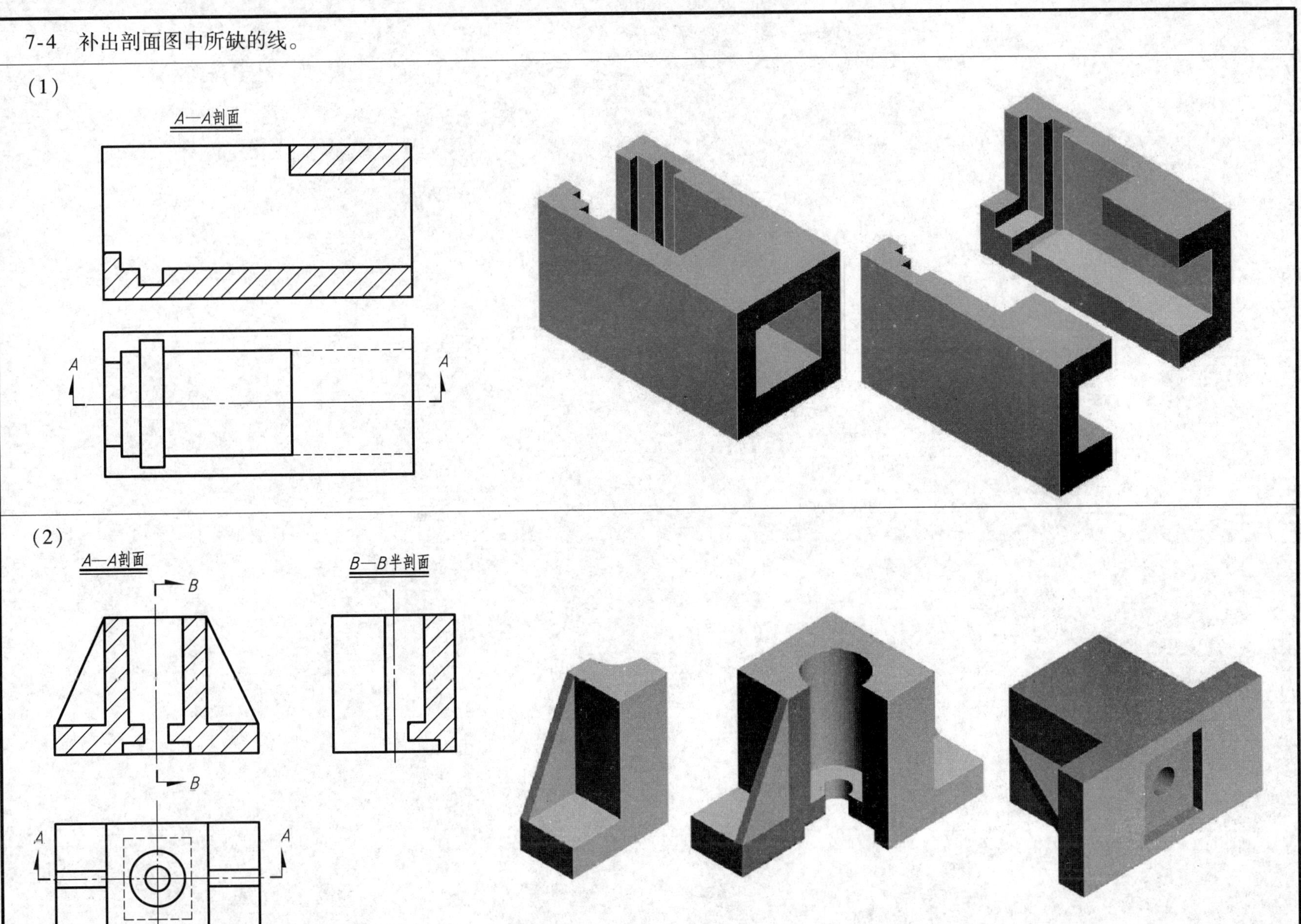

7-5　断面图练习

(1) 画指定位置的断面图。
1
2
2
3
4
4
1
3
1—1断面
2—2断面
3—3断面
4—4断面
(2) 画指定位置的断面图。
1—1断面
2—2断面
3—3断面
3
2
1
3
2
1

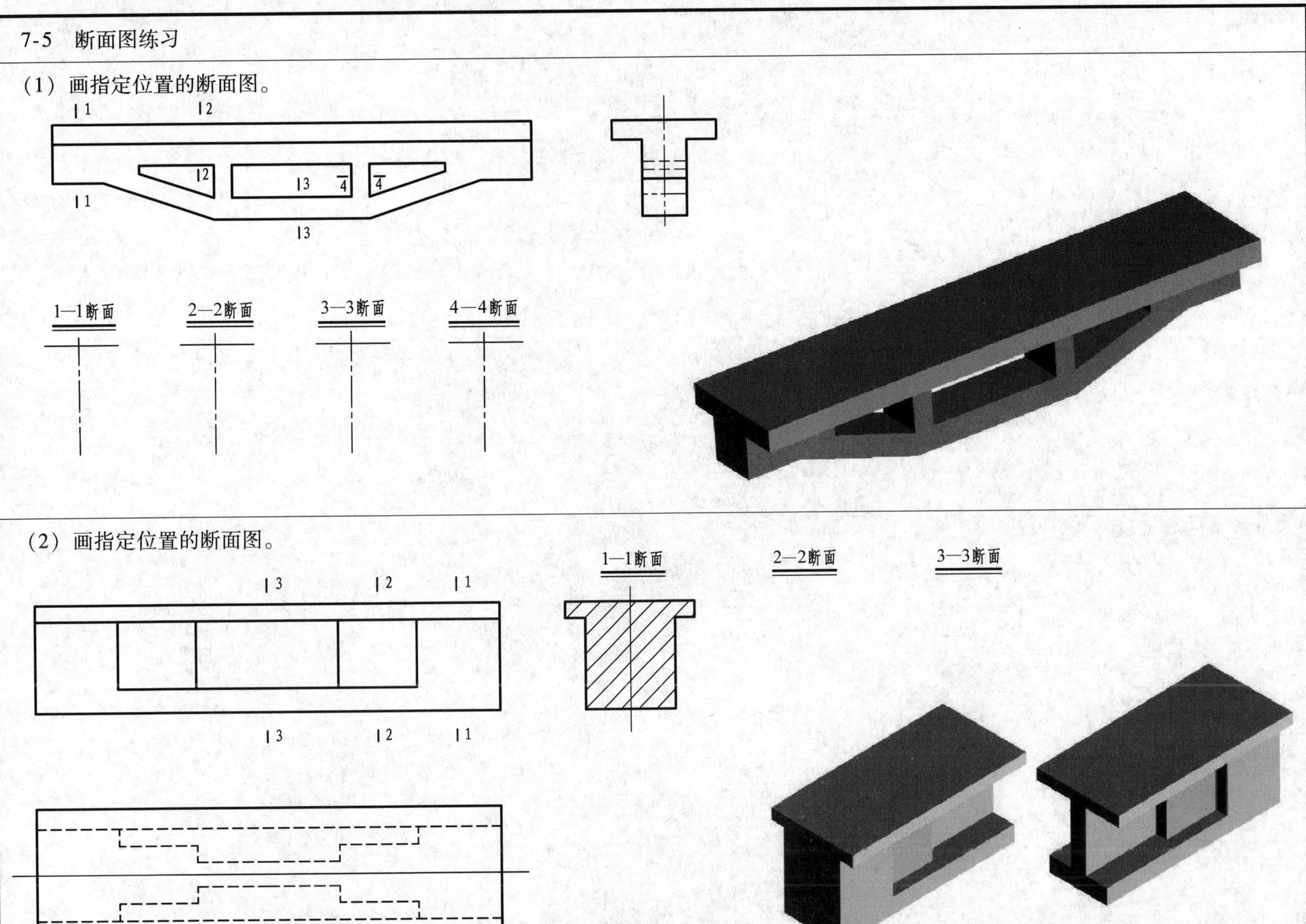

7-6　根据道路工程中的规定画法绘制 *A—A* 剖面图（拱脚垫石、台身与基础的材料不同，拱脚垫石为钢筋混凝土，台身为混凝土，基础为浆砌片石）。

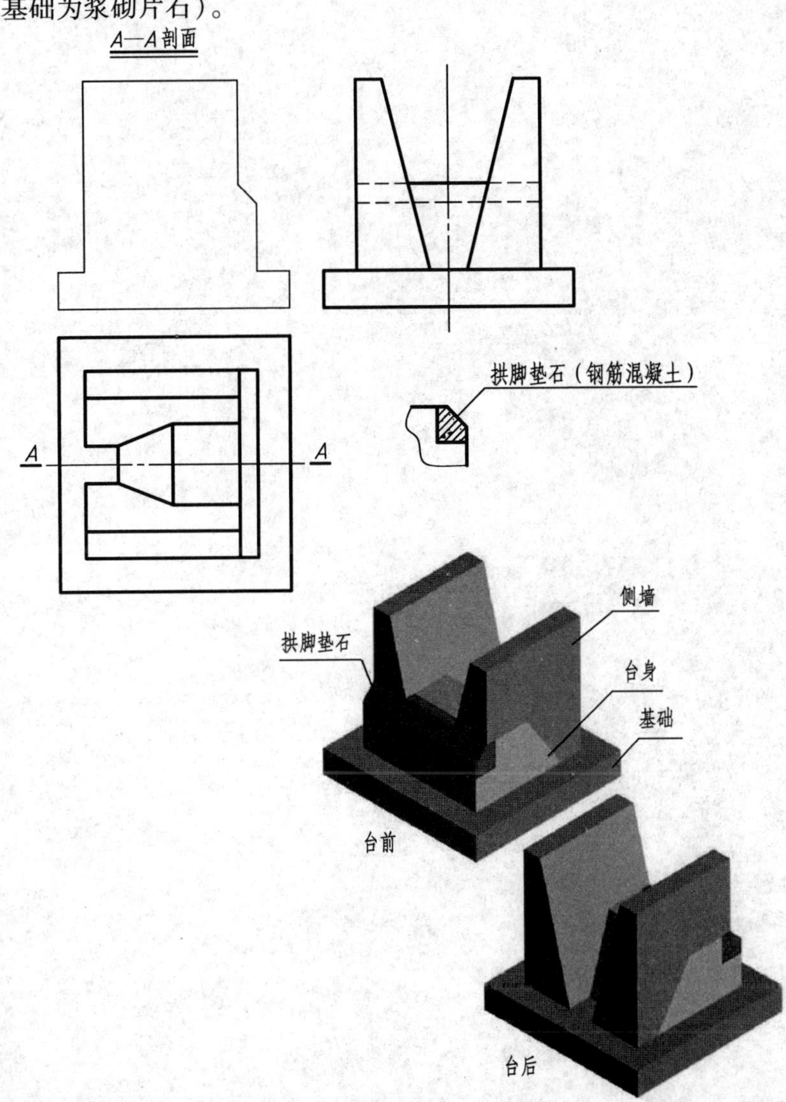

7-7　根据道路工程中的规定画法绘制 *A—A* 剖面图（台身、台帽、基础的材料不同，台帽为钢筋混凝土，台身为混凝土，基础为浆砌片石）。

A—A 剖面

A

A

台后

台帽

台身

台前

基础

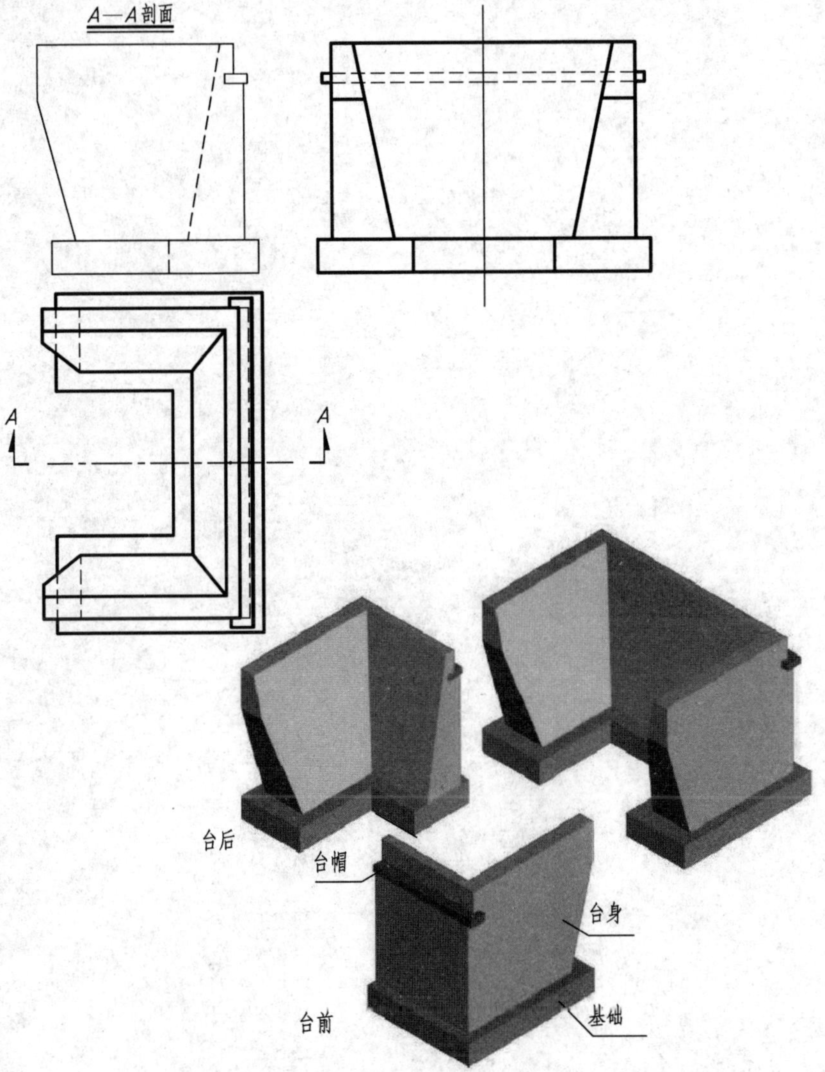

7-8　根据道路工程中的习惯画法绘制中梁、边梁的Ⅰ—Ⅰ、Ⅱ—Ⅱ、Ⅲ—Ⅲ断面图。

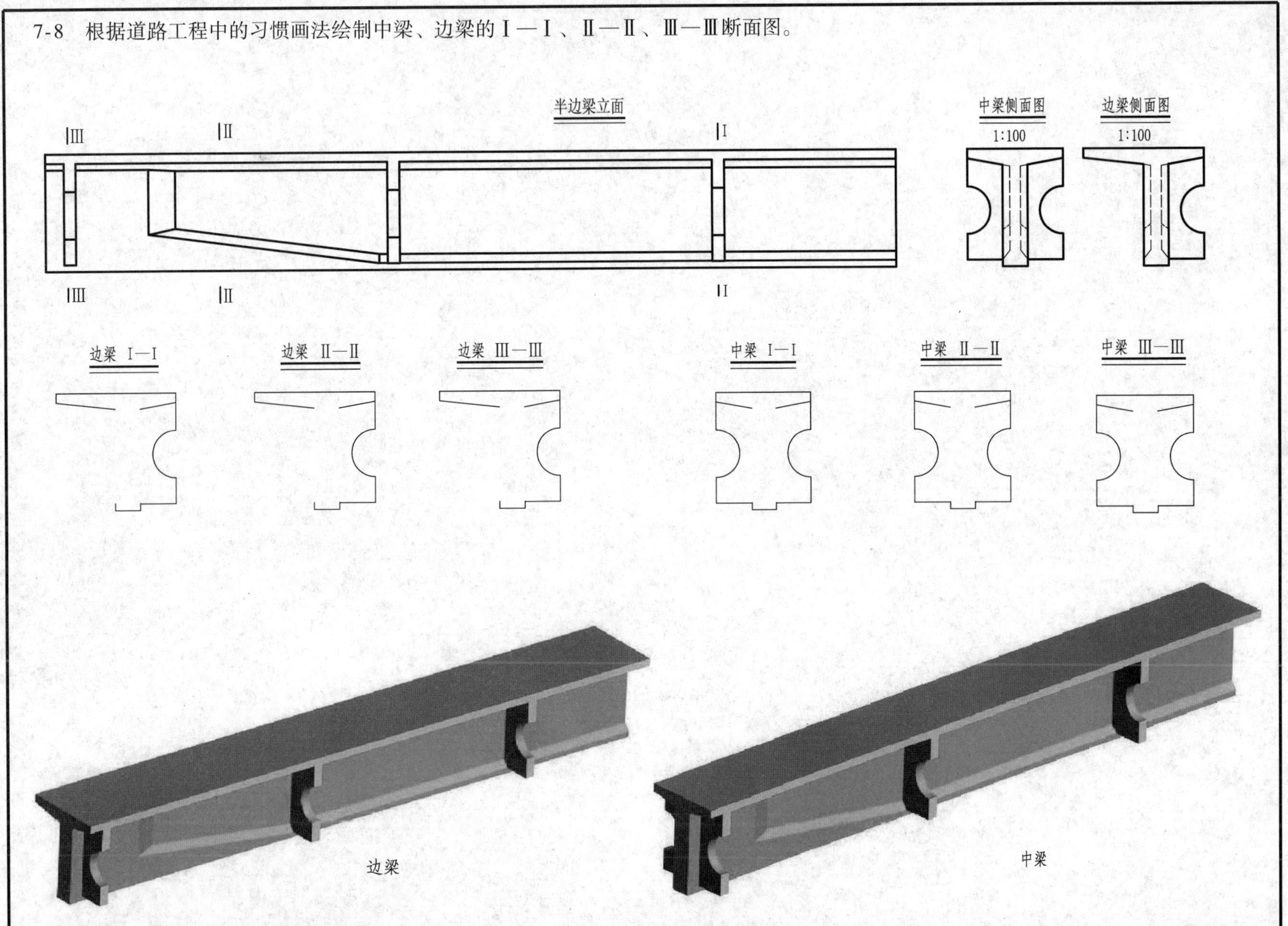

第八章　道路路线工程图

8-1　阅读路线平面图

1. 该段路线的起点桩号为（　　　　），终点桩号为（　　　　），该段路线的大致走向是由（　　　　）到（　　　　）方向。

2. JD5 的平曲线半径是（　　　　）m，转折角为（　　　　），向（　　　　）方向偏转。切线长为（　　　　）m，曲线长为（　　　　）m，缓和曲线长为（　　　　）m。该曲线段的起点 ZH（直缓）、中点 ZQ（曲中）、终点 HZ（缓直）点的桩号为（　　　　）、（　　　　）、（　　　　）。

3. JD5 所在位置的桩号为（　　　　），坐标为 X =（　　　　）m，Y =（　　　　）m。K12 +900 ~ K13 +1000 段是（　　　　）。

A. 直线段　　B. 曲线段

4. 图中相邻等高线的高差是（　　　　）m，沿路线前进方向，路线左右两侧（　　　　）侧地势较陡，（　　　　）侧地势较低。该地区西北部的植物图例是（　　　　），HZ 点的地面 高程在（　　　　）m 与（　　　　）m 之间。

5. 指出图中的高压电力线、电话线及大车道。

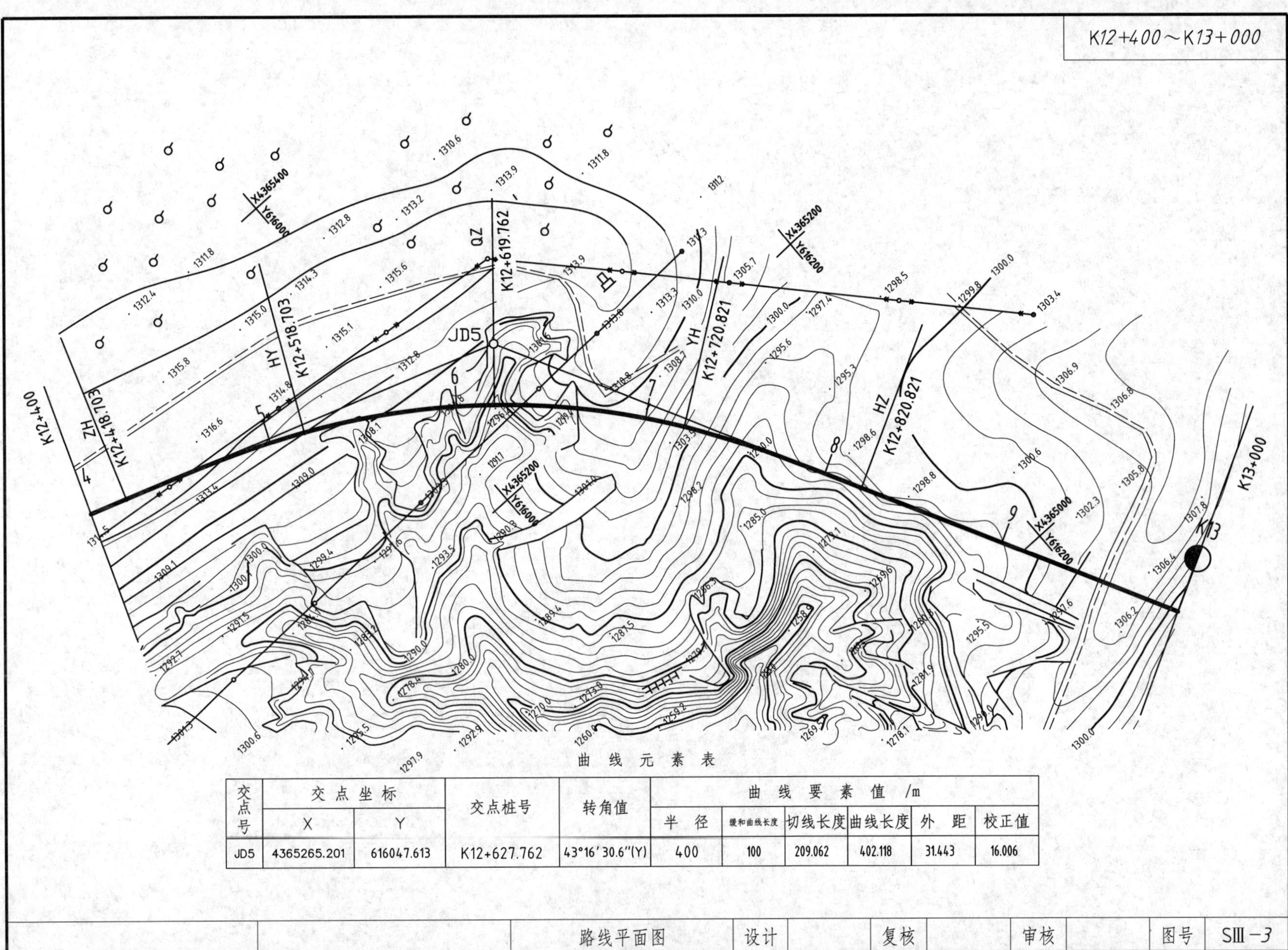

曲 线 元 素 表

交点号	交点坐标		交点桩号	转角值	曲线要素值/m					
	X	Y			半径	缓和曲线长度	切线长度	曲线长度	外距	校正值
JD5	4365265.201	616047.613	K12+627.762	43°16′30.6″(Y)	400	100	209.062	402.118	31.443	16.006

路线平面图	设计		复核		审核		图号	SⅢ-3

8-2　阅读路线纵断面图

1. 该路段起点桩号为（　　　　　），终点桩号为（　　　　　）。图上有（　　　　　）个变坡点，变坡点高程分别为（　　　　）m、（　　　　）m。

2. （　　　　）段是凸曲线，曲线半径为（　　　　）m，切线长度为（　　　　）m，外距为（　　　　）m。

3. （　　　　）段是凹曲线，曲线半径为（　　　　）m，切线长度为（　　　　）m，外距为（　　　　）m。

4. 图上的10—20m钢筋混凝土预应力空心板桥的桩号为（　　　　），该桥梁共（　　　　）跨，每跨跨径为（　　　　）m。桥面（　　　　）纵坡。

5. K0+000~K0+140段的坡度为（　　　　），K0+140~K0+220段的坡度为（　　　　）。

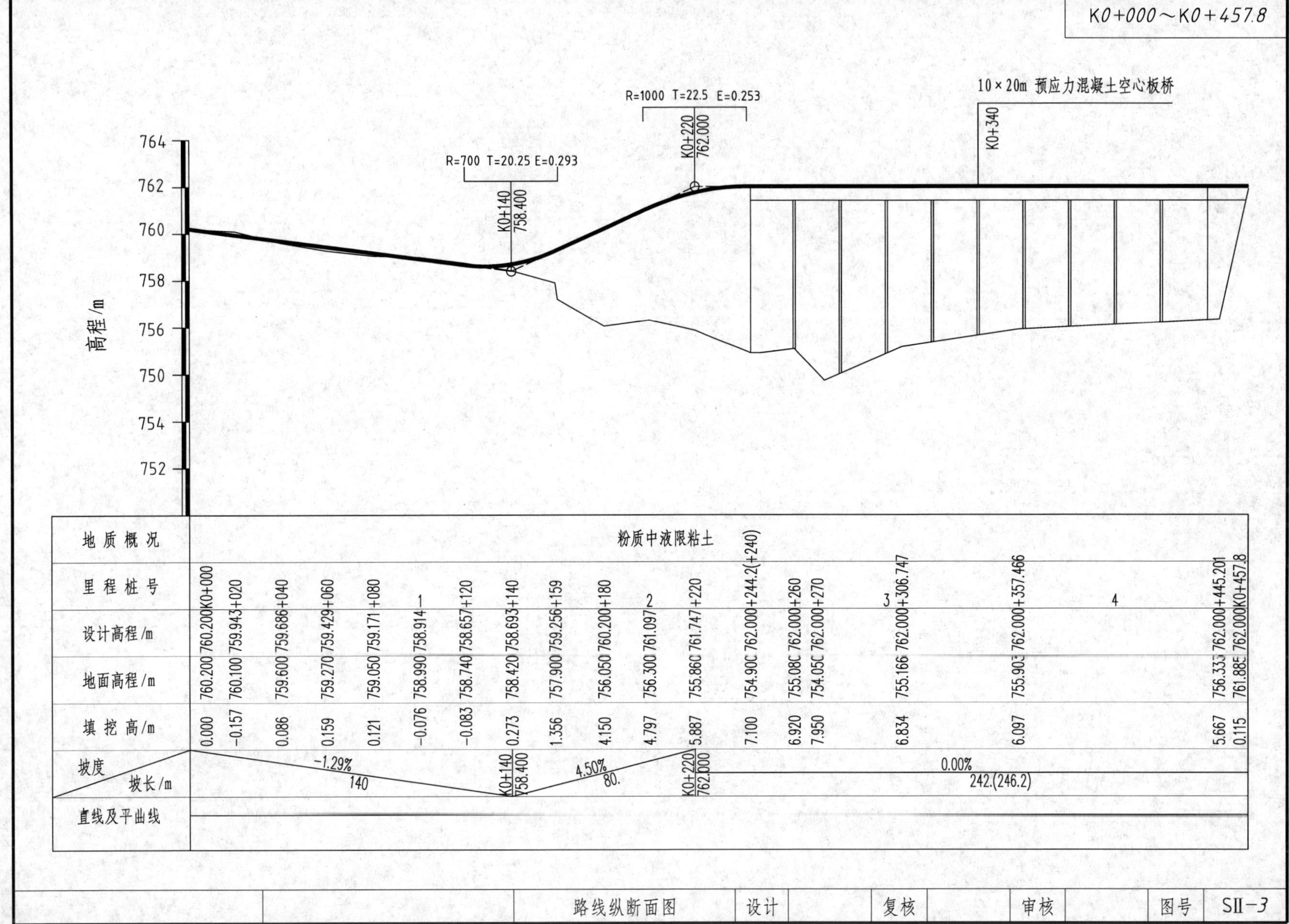
K0+000～K0+457.8
10×20m 预应力混凝土空心板桥
R=1000 T=22.5 E=0.253
K0+220
762.000
K0+340
R=700 T=20.25 E=0.293
K0+140
758.400
764
762
760
758
756
750
754
752
高程/m
地质概况
粉质中液限粘土
里程桩号
K0+000
+020
+040
+060
+080
1
+120
+140
+159
+180
2
+220
+244.2(+240)
+260
+270
3
+306.747
+357.466
4
+445.201
K0+457.8
设计高程/m
760.200
759.943
759.686
759.429
759.171
758.914
758.657
758.693
759.256
760.200
761.097
761.747
762.000
762.000
762.000
762.000
762.000
762.000
762.000
地面高程/m
760.200
760.100
759.600
759.270
759.050
758.990
758.740
758.420
757.900
756.050
756.300
755.860
754.900
755.080
754.050
755.166
755.903
756.333
761.885
填挖高/m
0.000
-0.157
0.086
0.159
0.121
-0.076
-0.083
0.273
1.356
4.150
4.797
5.887
7.100
6.920
7.950
6.834
6.097
5.667
0.115
坡度
坡长/m
-1.29%
140
K0+140
758.400
4.50%
80.
K0+220
762.000
0.00%
242.(246.2)
直线及平曲线
路线纵断面图
设计
复核
审核
图号
SII-3

第九章　桥梁工程图

9-1　参照钢筋混凝土板梁桥立体图及总体布置图，回答下列问题。

1. 该桥共（　　）跨，每跨跨径为（　　）m，桥梁总长为（　　）m，桥面净宽度为（　　）m。

2. 上部结构由（　　）块空心板组成。桥台为钻孔灌注桩柱式桥台，桥墩为钻孔灌注桩柱式桥墩。侧面图采用了Ⅰ－Ⅰ、Ⅱ－Ⅱ两个断面图。在侧面投影中指出桥墩立柱、桥墩系梁、桥墩桩基础的投影，指出桥台盖梁、挡块、桥台基础的投影。

3. 侧面投影中看到的桥台是（　　）。　A. 台前　B. 台后

4. 在正面投影中指出耳墙、锥形护坡、桥头搭板的投影。

5. 0 号桥台基础底面、基础顶面的标高分别为（　　）m、（　　）m。

6. 该桥起始桩至桥位终点桩不设纵坡，该桥的设计标高为（　　）m，桥面横坡为（　　）。

7. 该桥中心位于（　　）桩号处，钻孔灌注桩的直径为（　　）cm。

8. 桥墩桩基础高度为（　　）m。

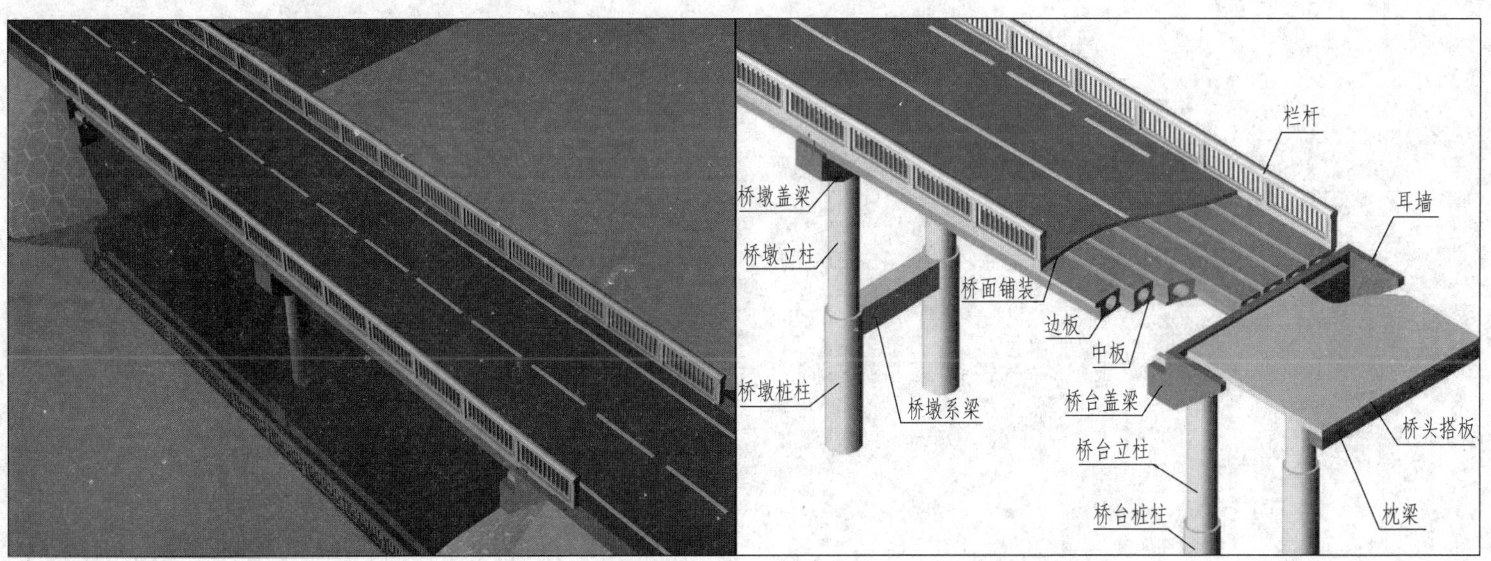

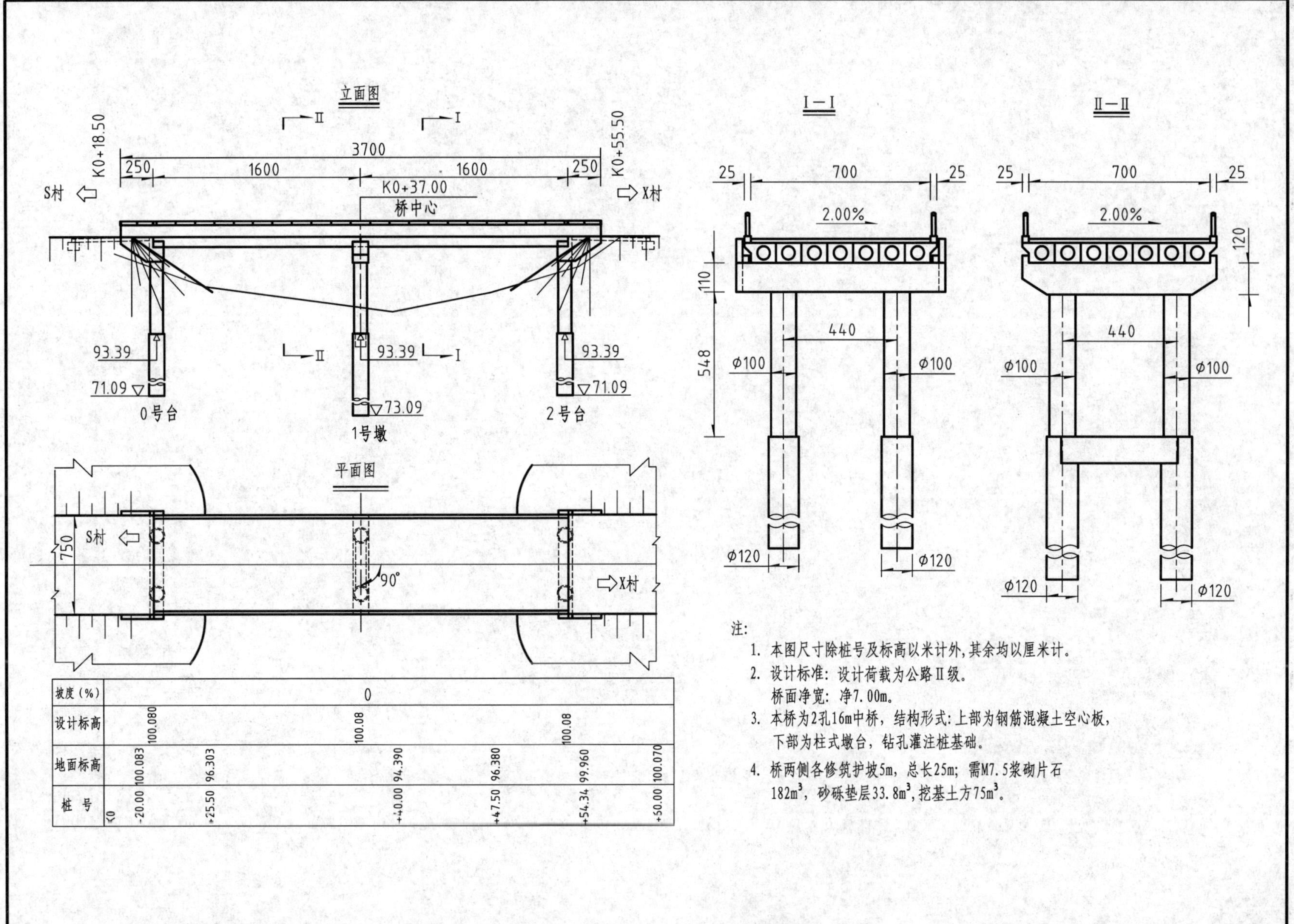

坡度(%)	0						
设计标高	100.080		100.08			100.08	
地面标高	100.083	96.303		94.390	96.380	99.960	100.070
桩　号	K0 -20.00	+25.50		+40.00	+47.50	+54.34	+50.00

注:

1. 本图尺寸除桩号及标高以米计外,其余均以厘米计。
2. 设计标准:设计荷载为公路Ⅱ级。
   桥面净宽:净7.00m。
3. 本桥为2孔16m中桥,结构形式:上部为钢筋混凝土空心板,下部为柱式墩台,钻孔灌注桩基础。
4. 桥两侧各修筑护坡5m,总长25m;需M7.5浆砌片石$182m^3$,砂砾垫层$33.8m^3$,挖基土方$75m^3$。

9-2　参照立体图及钢筋混凝土空心板构造图，回答下列问题。

1. 图为习题9-1所示桥梁的钢筋混凝土空心板构造图，该钢筋混凝土空心板理论长度为（　　）cm，中板的理论宽度为（　　）cm，边板的总宽度为（　　）cm。

2. 支座中心线距梁端（　　）cm。

3. 立面图、平面图上，平行于梁长度方向的两条虚线表示（　　　　）。

4. 空心板圆孔中心到空心板顶面的距离为（　　）cm。

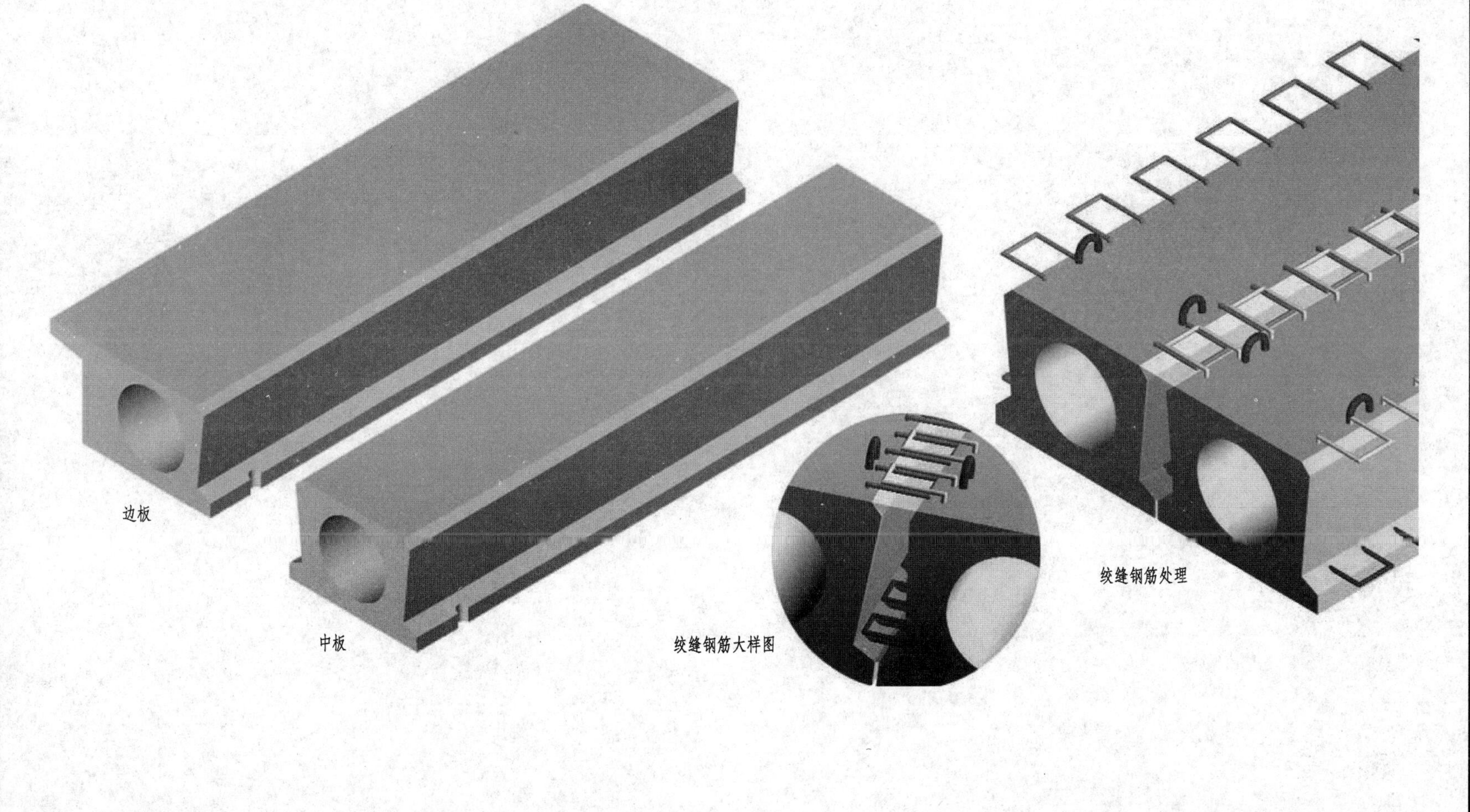

半立面
52
75
支座中心线
18
1596/2
半平面(中板)
18
8
99
半平面(边板)
锚栓孔
99.5
25
中板
5
5
79
5
5
55
10.5
φ52
35.5
39.5
75
10
39.5
39.5
10
边板
5
5
114.5
5
55
10.5
φ52
35.5
39.5
10
5
60
75
10
43.5
46
25
绞缝钢筋施工图
6
1

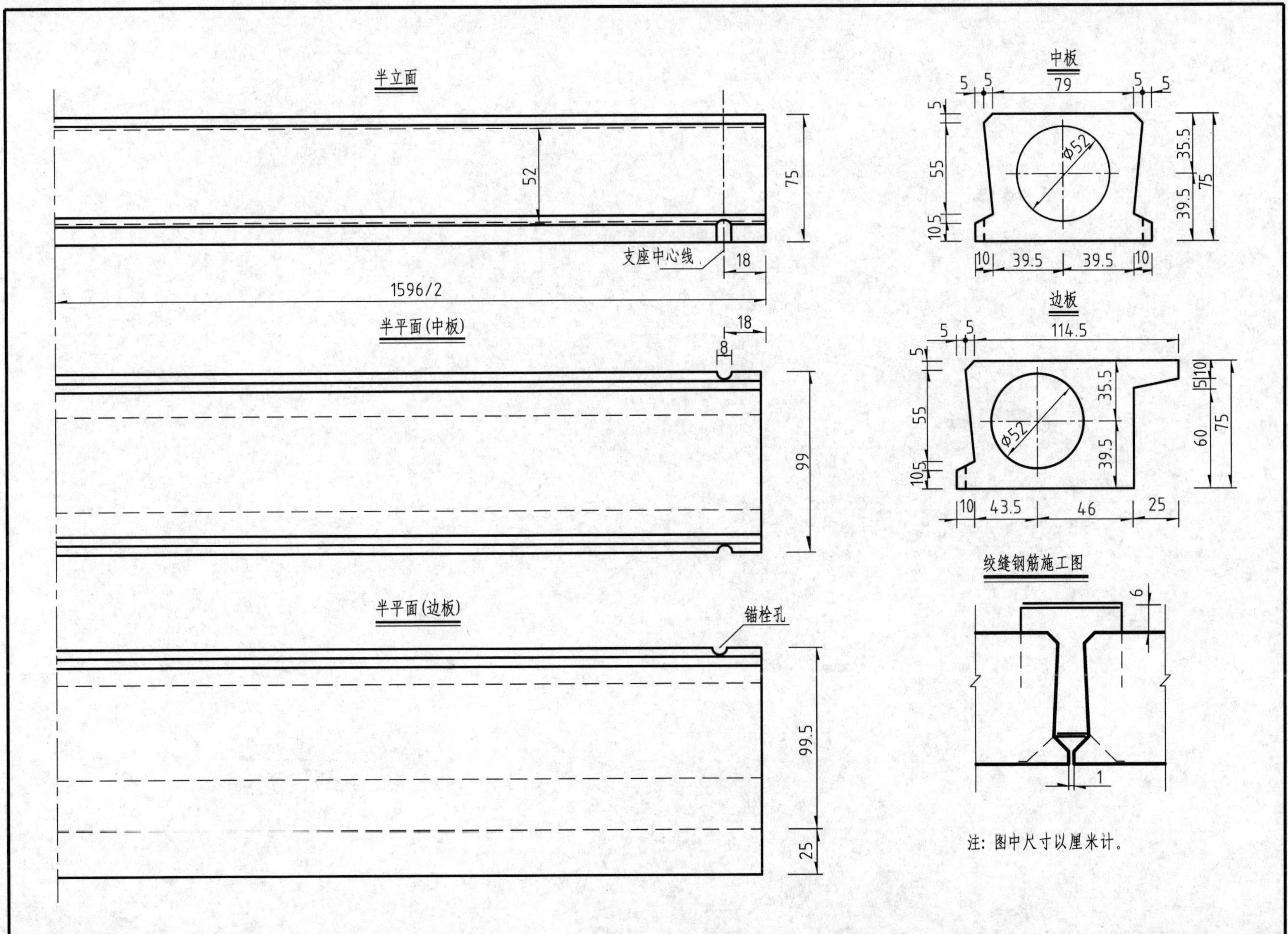

注：图中尺寸以厘米计。

9-3　参照立体图及钢筋混凝土中板钢筋结构图，回答下列问题（图为习题 9-1 所示桥梁的钢筋混凝土中板钢筋结构图）。

1. 图中共有（　　）种钢筋，其中 1 号钢筋为受拉钢筋，共（　　）根，分布在板梁的（　　）部，1 号钢筋的中心间距为(　　)cm。

2. 2 号钢筋为吊装钢筋，分布在梁的两端，共（　　）根。3 号钢筋为架立钢筋，共（　　）根。6 号筋每（　　）cm 设一道，其下端钩在 8 号钢筋上并与之绑扎，全梁共（　　）根。

3. 4 号、5 号钢筋为横向连接钢筋（预埋铰缝钢筋），每（　　）cm 布置一根，各（　　）根。7 号、8 号钢筋一起组成箍筋，7 号、8 号钢筋均为（　　）根。其中 14 × 10 表示有（　　）个间距，每个间距（　　）cm。

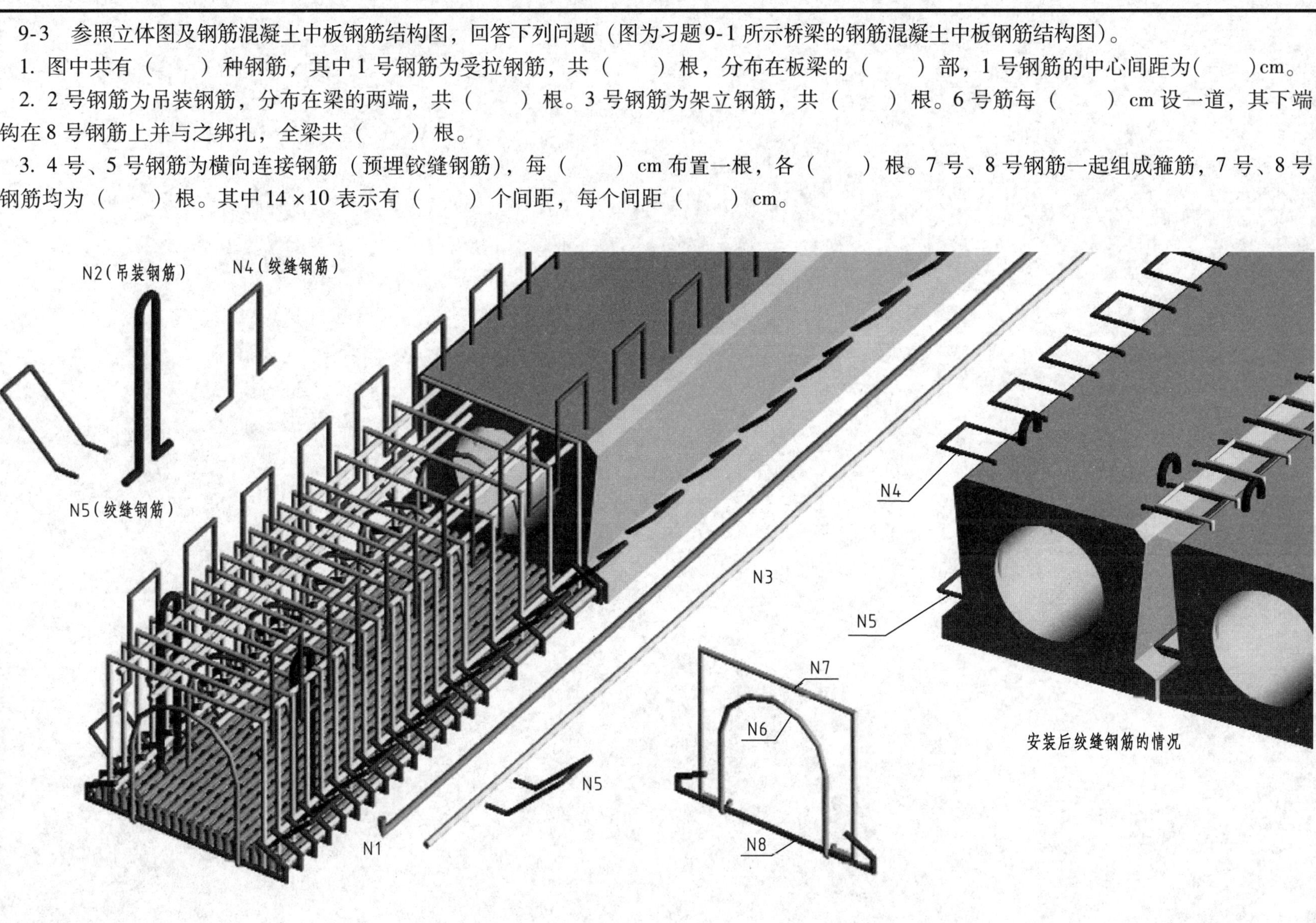

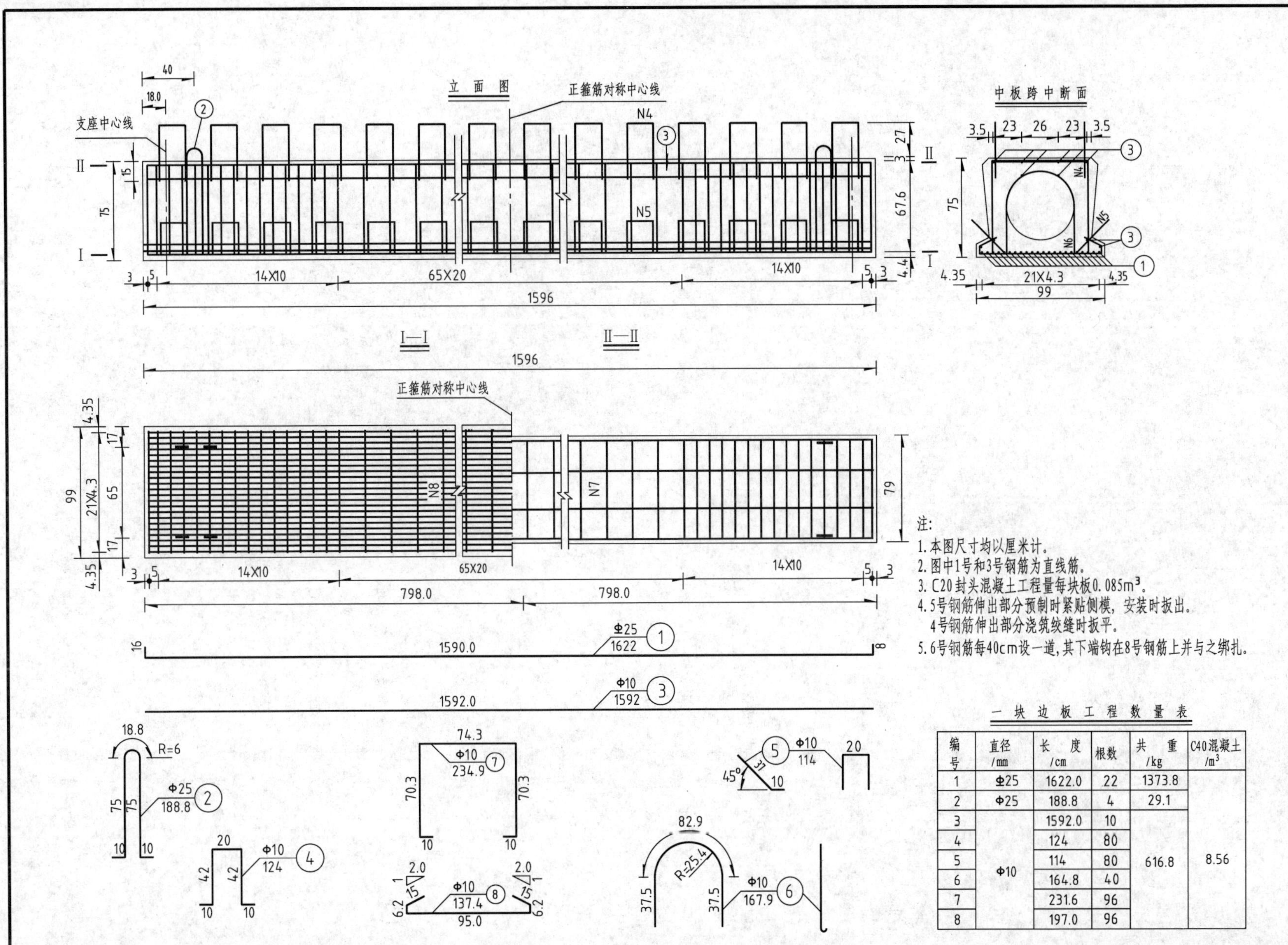

注：

1. 本图尺寸均以厘米计。
2. 图中1号和3号钢筋为直线筋。
3. C20封头混凝土工程量每块板0.085m³。
4. 5号钢筋伸出部分预制时紧贴侧模，安装时扳出。4号钢筋伸出部分浇筑铰缝时扳平。
5. 6号钢筋每40cm设一道，其下端钩在8号钢筋上并与之绑扎。

一块边板工程数量表

编号	直径/mm	长度/cm	根数	共重/kg	C40混凝土/m³
1	Φ25	1622.0	22	1373.8	8.56
2	Φ25	188.8	4	29.1	
3	Φ10	1592.0	10	616.8	
4		124	80		
5		114	80		
6		164.8	40		
7		231.6	96		
8		197.0	96		

9-4　参照立体图及钢筋混凝土中板钢筋结构图，并回答下列问题（图为习题9-1所示桥梁的钢筋混凝土中板钢筋结构图）。

1. 图中1号钢筋为受拉钢筋，共（　　）根，分布在板梁的（　　）部，1号钢筋的中心间距为（　　）cm。

2. 2号钢筋为吊装钢筋，共（　　）根。3号钢筋为架立钢筋，共（　　）根。6号筋每（　　）cm设一道，其下端钩在8号钢筋上并与之绑扎。

3. 4号、5号钢筋为横向连接钢筋（预埋铰缝钢筋），每（　　）cm分布一根，4号钢筋共（　　）根。7号、8号钢筋一起组成箍筋，7号、8号钢筋均为（　　）根。其中65×20表示有（　　）个间距，每个间距（　　）cm。

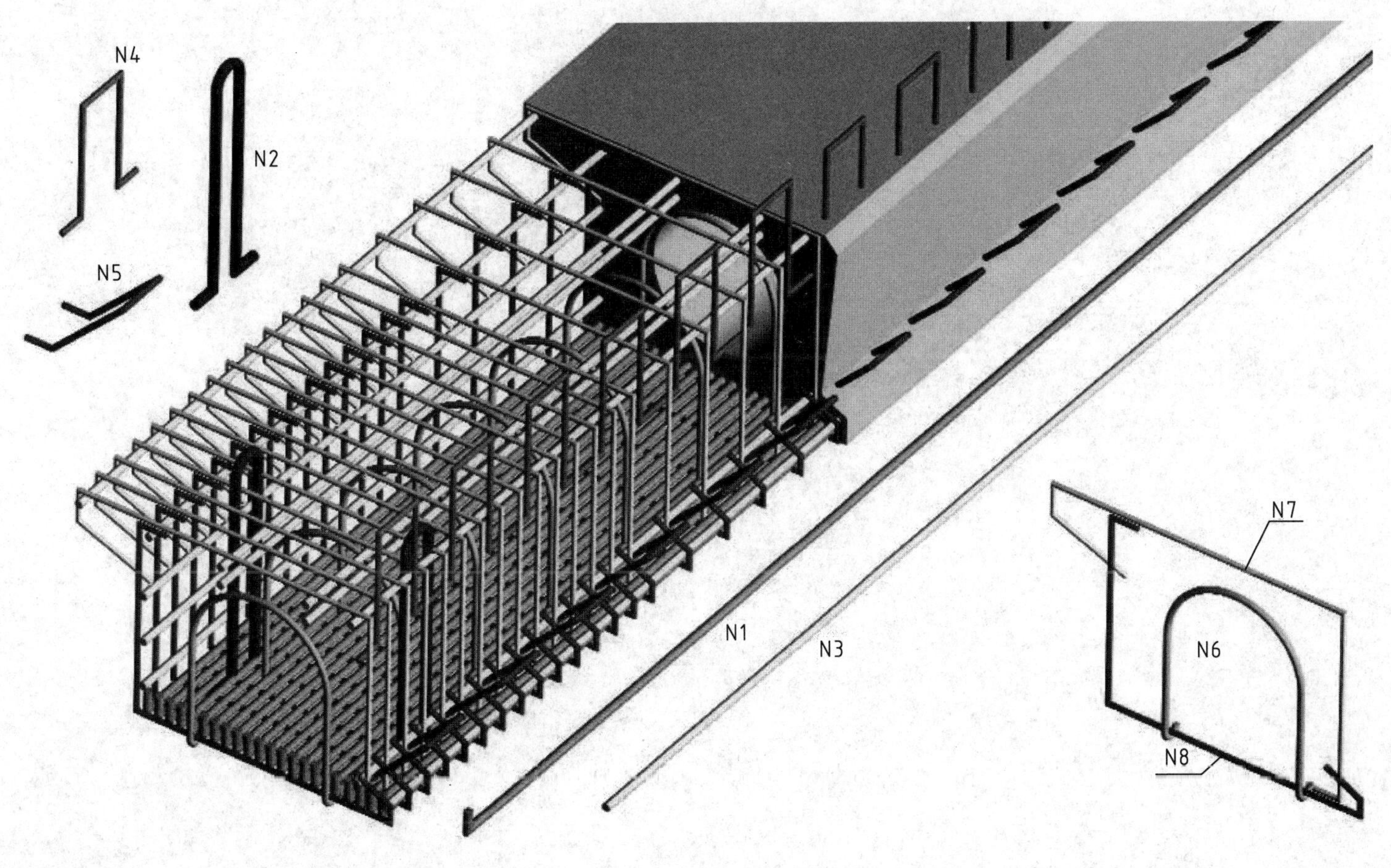

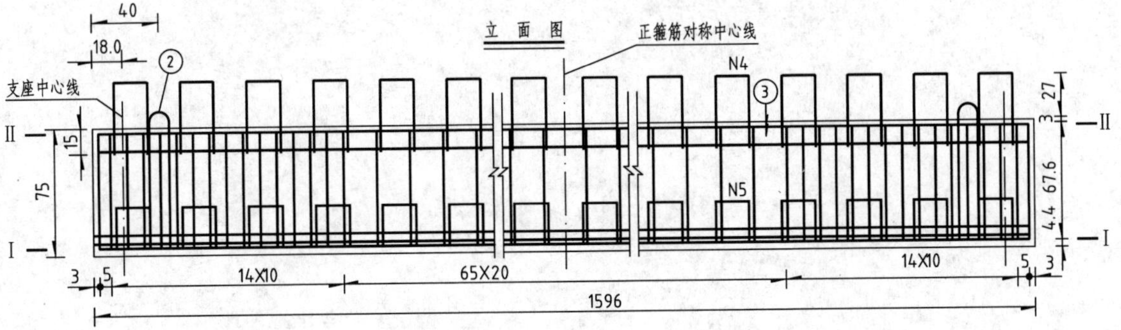

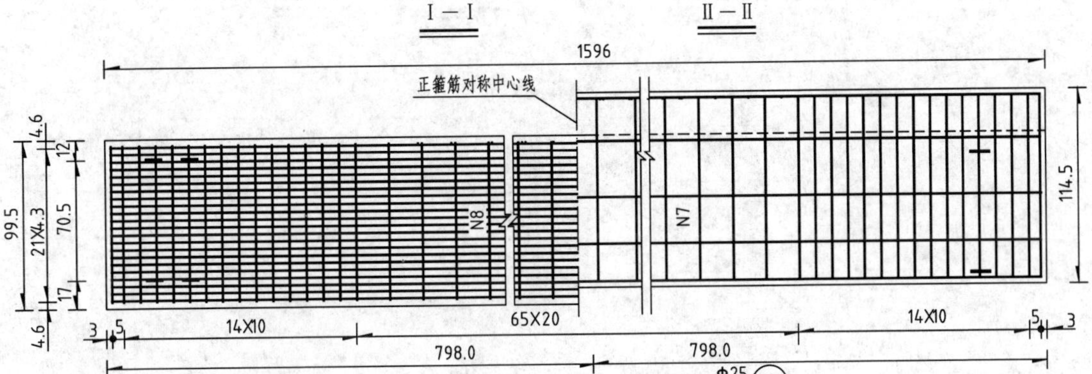

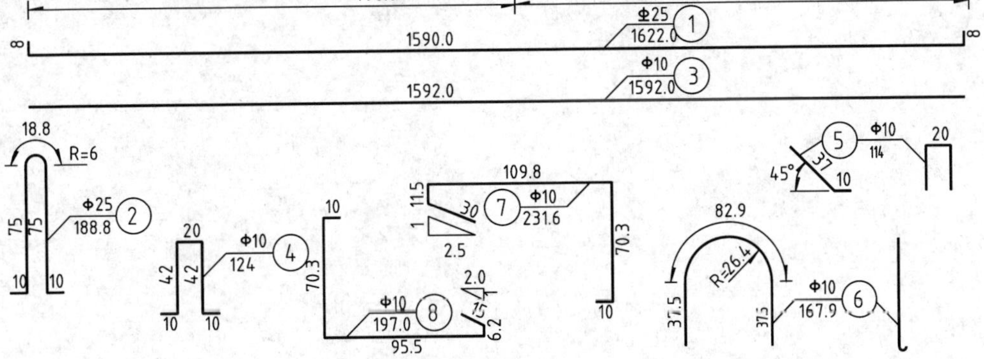

立 面 图

正箍筋对称中心线

支座中心线

I—I　　II—II

正箍筋对称中心线

边板跨中断面

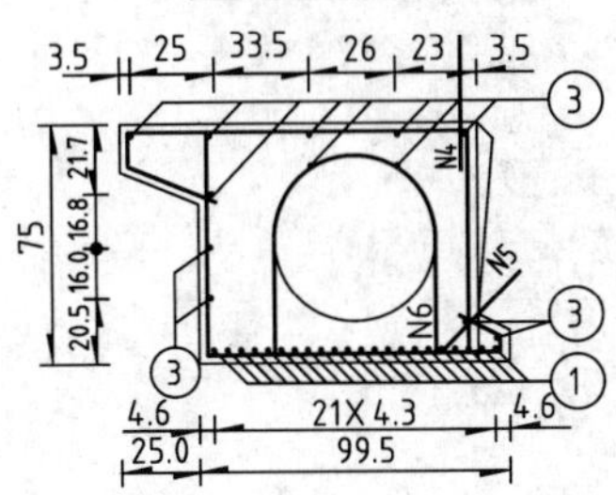

注：

1. 本图尺寸均以厘米计。
2. 图中1号和3号钢筋为直线筋。
3. C20 封头混凝土工程量每块板0.085m³。
4. 5号钢筋伸出部分预制时紧贴侧模，安装时扳出。
   4号钢筋伸出部分在浇筑绞缝时扳平。
5. 6号筋每40cm设一道，其下端钩在8号钢筋上并与之绑扎。

一块边板工程数量表

编号	直径/mm	长度/cm	根数	共重/kg	C40混凝土/m³
1	Φ25	1622.0		1373.8	8.56
2	Φ25	188.8		29.1	
3	Φ10	1592.0		616.8	
4		124			
5		114			
6		164.8	41		
7		231.6			
8		197.0			

9-5　参照立体图及桥面铺装钢筋构造图，回答下列问题（图为习题9-1所示桥梁的桥面铺装钢筋结构图）。

1. 桥面铺装层由两种钢筋组成，由横向钢筋1和纵向钢筋2组成钢筋网，现浇C40混凝土厚（　　）cm，面层厚为（　　）cm。1号钢筋、2号钢筋都是均匀分布的，其间距均为（　　）cm，均为HPB300（Ⅰ级）钢筋。1号钢筋长（　　）cm，共（　　）根，2号钢筋长（　　）cm，共（　　）根。由于面积较大所以采用了折断画法。

2. 尺寸数字2×124.5+5×99+6×1=750表示2块124.5cm的边板和（　　）块（　　）cm的中板及6个1cm的伸缩缝共（　　）cm，即整个桥面宽。74×10表示2号钢筋间距为（　　）cm，一孔桥面上共有（　　）间距，共有（　　）根2号钢筋；159×10表示1号钢筋间距为（　　）cm，一孔桥面上共有（　　）间距，共有（　　）根1号钢筋。

3. 桥面行车道宽度为（　　）cm。

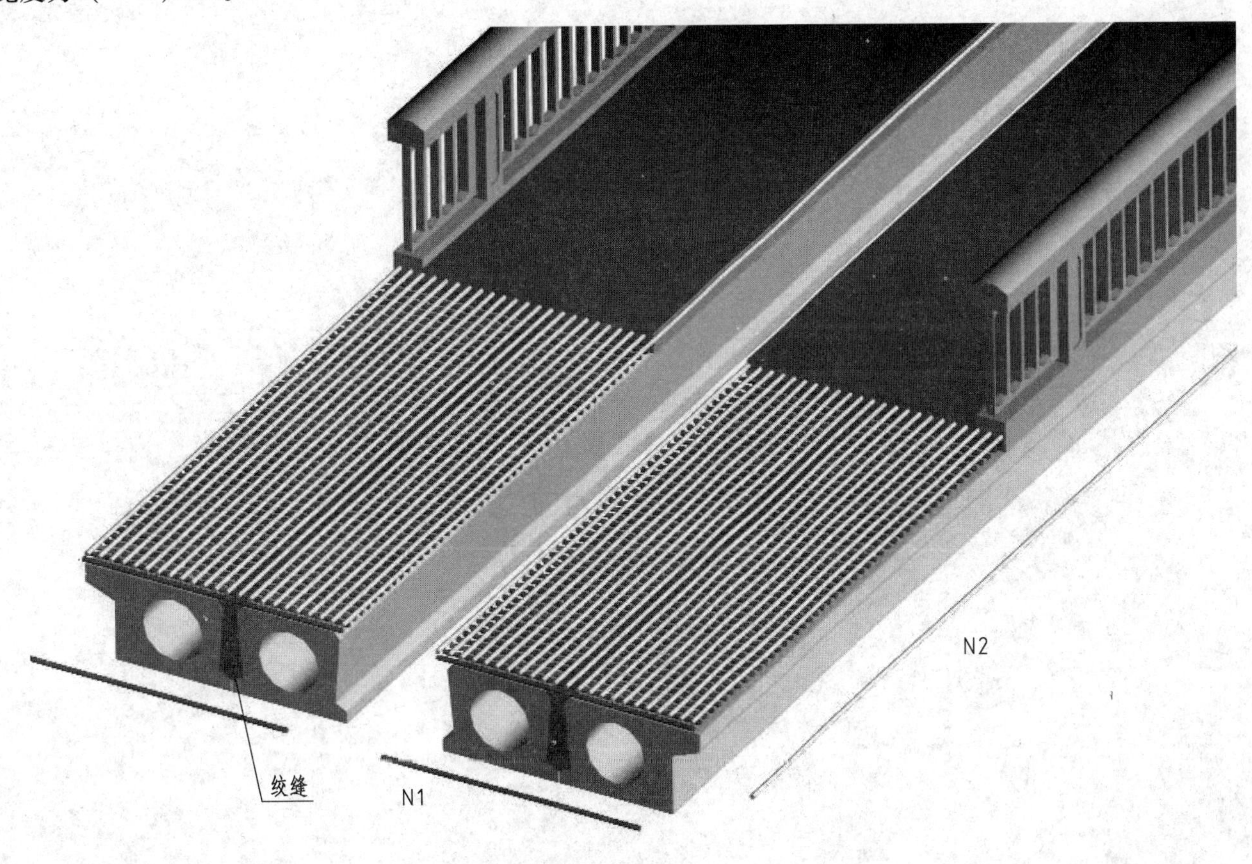

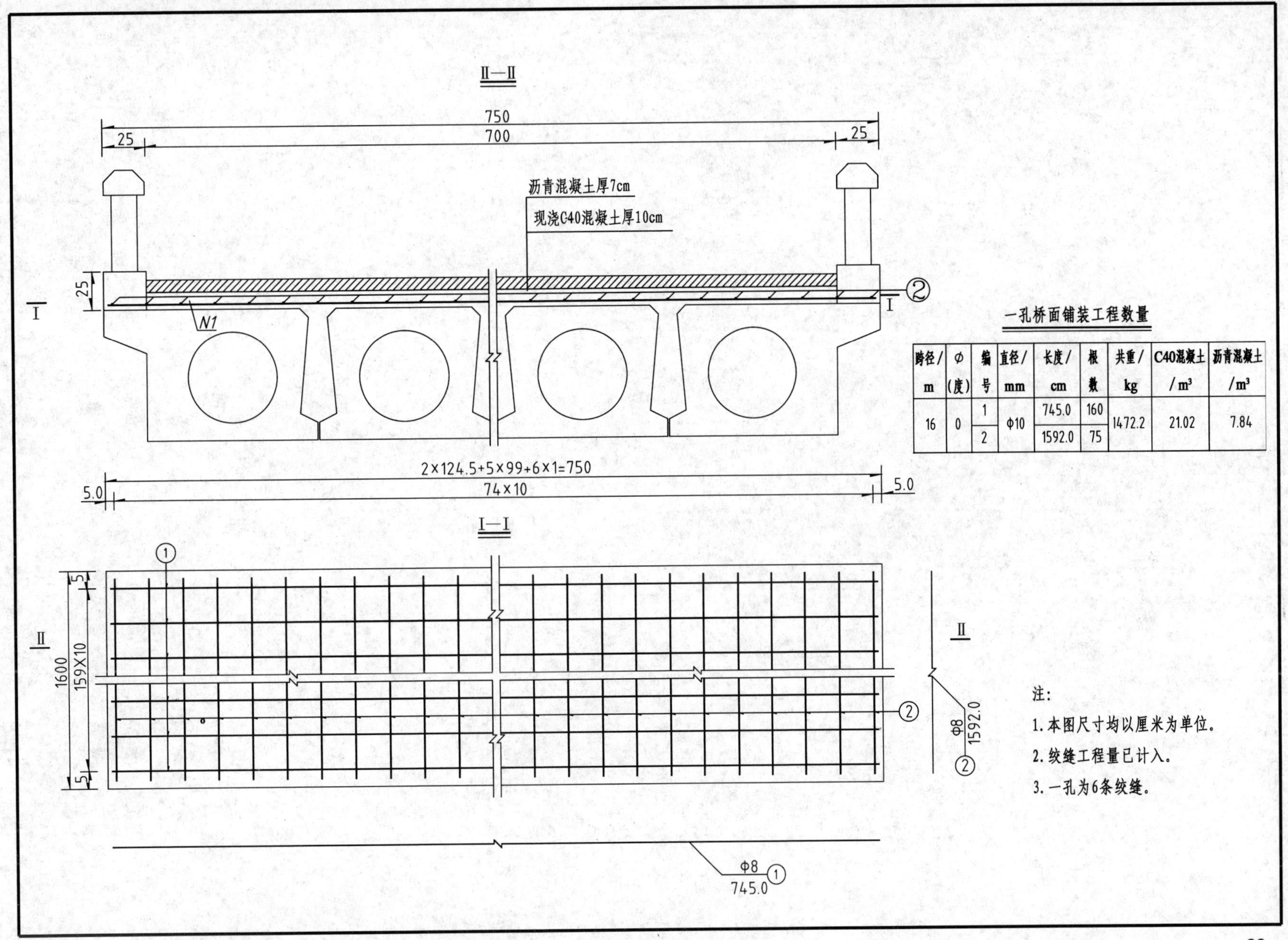

一孔桥面铺装工程数量

跨径/m	φ(度)	编号	直径/mm	长度/cm	根数	共重/kg	C40混凝土/m³	沥青混凝土/m³
16	0	1	Φ10	745.0	160	1472.2	21.02	7.84
		2		1592.0	75			

注:

1. 本图尺寸均以厘米为单位。
2. 绞缝工程量已计入。
3. 一孔为6条绞缝。

9-6　参照立体图及桥面连续钢筋构造图，回答下列问题（图为习题 9-1 所示桥梁的桥面连续钢筋结构图）

1. 1 号钢筋与 2 号钢筋相互垂直，2 号钢筋长 745cm，其长度方向垂直于桥面中心线，在桥墩中心线两侧各 50cm 范围内均匀分布，每（　　）cm布置 1 根，共 38 根。

2. 3 号箍筋垂直于 2 号钢筋均匀分布在整个桥宽上，间距为（　　）cm，共（　　）根。

3. 1 号钢筋平行于桥面中心线，每根间距（　　）cm，共 25 根，1 号钢筋长度为 258cm。1 号钢筋中部（端缝两侧）有 110cm 长度为失效段，失效段采用（　　）裹紧的措施，做到钢筋不与混凝土粘结。

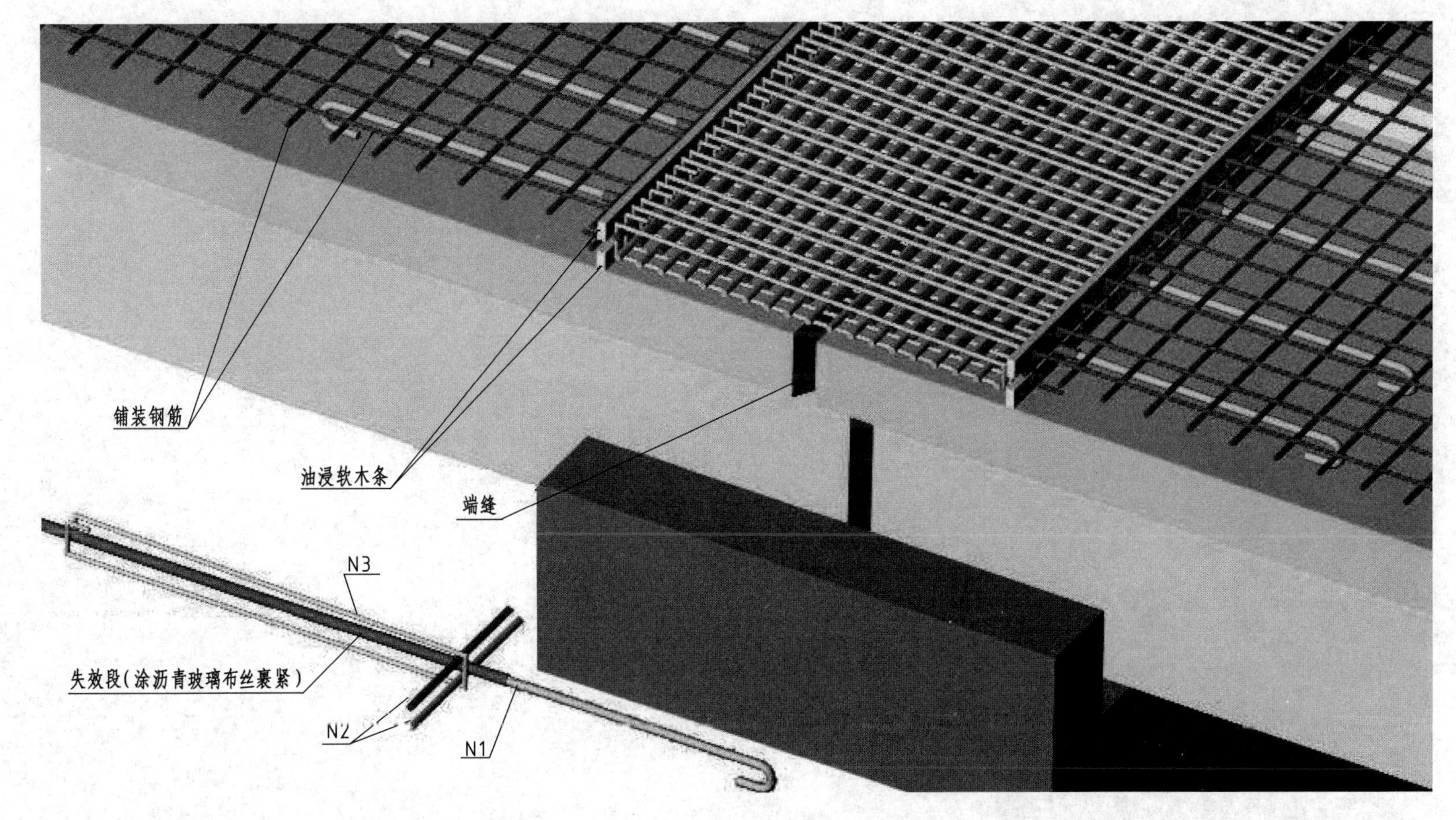

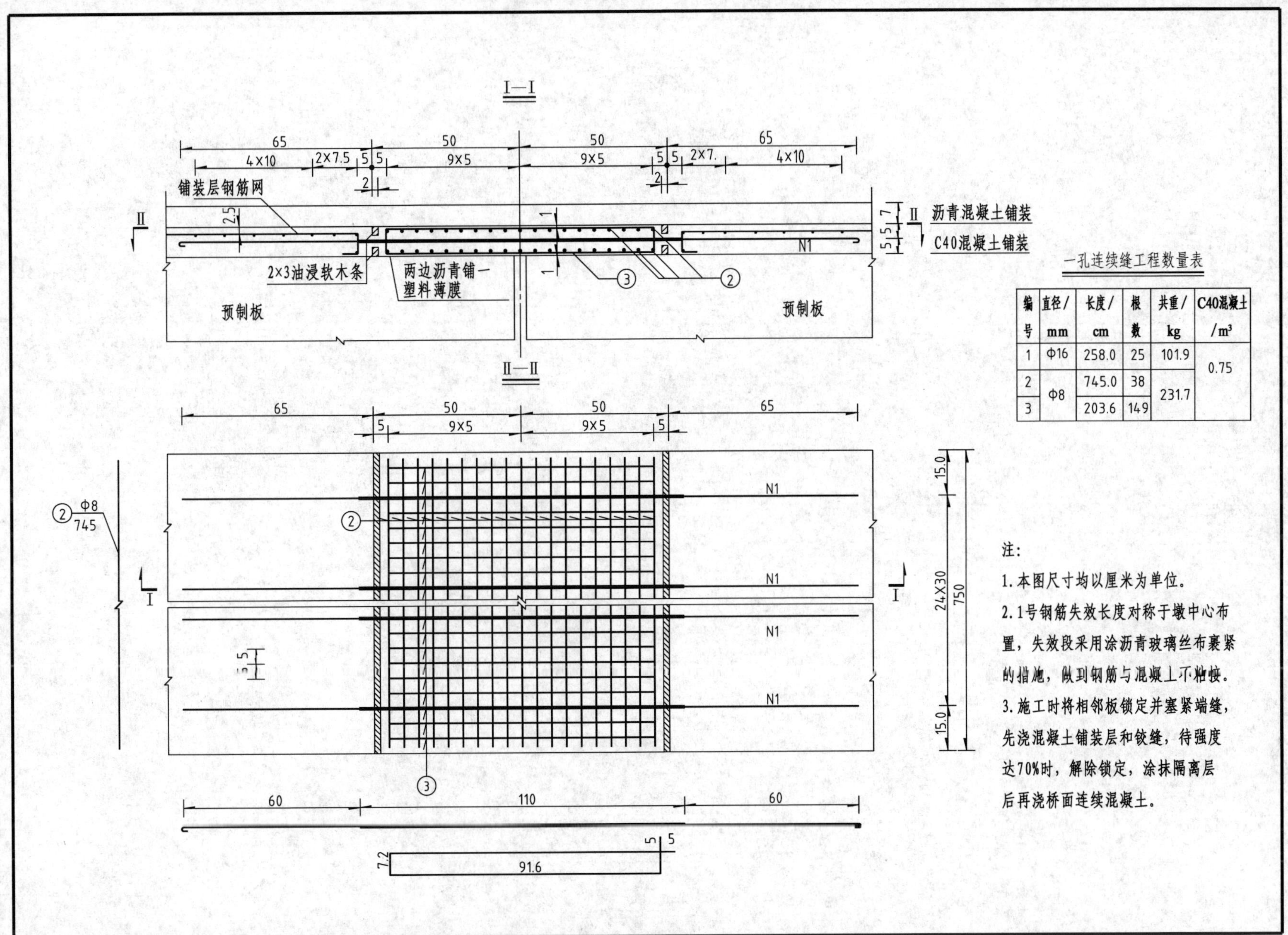

一孔连续缝工程数量表

编号	直径/mm	长度/cm	根数	共重/kg	C40混凝土/m³
1	Φ16	258.0	25	101.9	0.75
2	Φ8	745.0	38	231.7	
3		203.6	149		

注：

1. 本图尺寸均以厘米为单位。
2. 1号钢筋失效长度对称于墩中心布置，失效段采用涂沥青玻璃丝布裹紧的措施，做到钢筋与混凝土不粘接。
3. 施工时将相邻板锁定并塞紧端缝，先浇混凝土铺装层和铰缝，待强度达70%时，解除锁定，涂抹隔离层后再浇桥面连续混凝土。

9-7　参照立体图及桥墩盖梁钢筋结构图，回答下列问题（图为习题9-1所示桥梁的桥墩盖梁钢筋结构图）。

1. 全梁共有（　　）种钢筋，（　　）、（　　）、（　　）、（　　）、（　　）号钢筋均为受力钢筋，并且焊接成钢筋骨架A。1号钢筋主要用来承受压力，分布在梁的（　　）面；2号钢筋有（　　）根，分布在梁的（　　）面，主要用来承受拉力；3号、5号钢筋各有（　　）根。4号钢筋有（　　）根。6号、7号钢筋为分布钢筋，分置在梁的两侧面，各（　　）根，7号钢筋的长度随截面的变化而变化。8号、9号钢筋是箍筋，以（　　）cm的间距均匀分布在整个梁上，8号钢筋分布在梁的中段，共55道（　　）根，9号钢筋是箍筋分布在梁的两端的变截面处，共（　　）道40根，9号钢筋的长度随截面的变化而变化。除8号、9号箍筋是HPB300（Ⅰ级）钢筋外，其余都是HRB335（Ⅱ级）钢筋。

2. 1号钢筋的长度为（　　）cm，2号钢筋的长度为（　　）cm，图中27×10表示有（　　）个间距，每个间距（　　）cm。

注：为使图面清晰，立体图中的箍筋没有全部画出，只画出其中一部分。

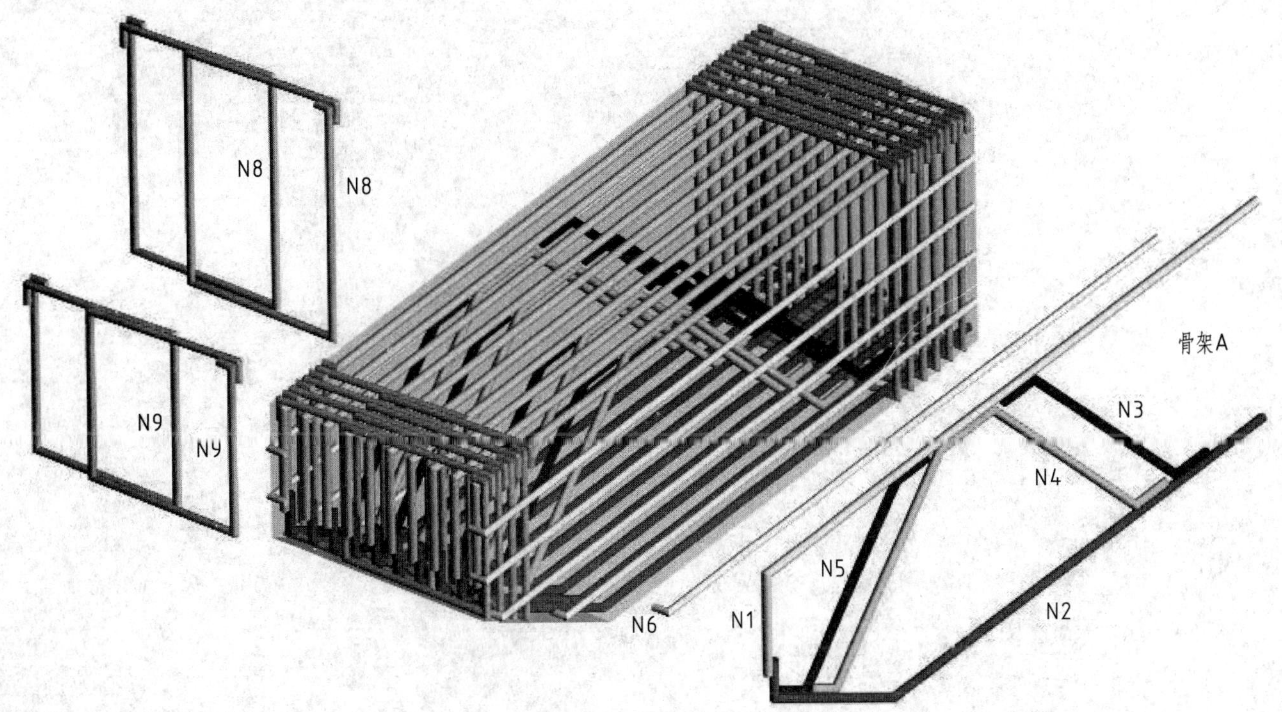

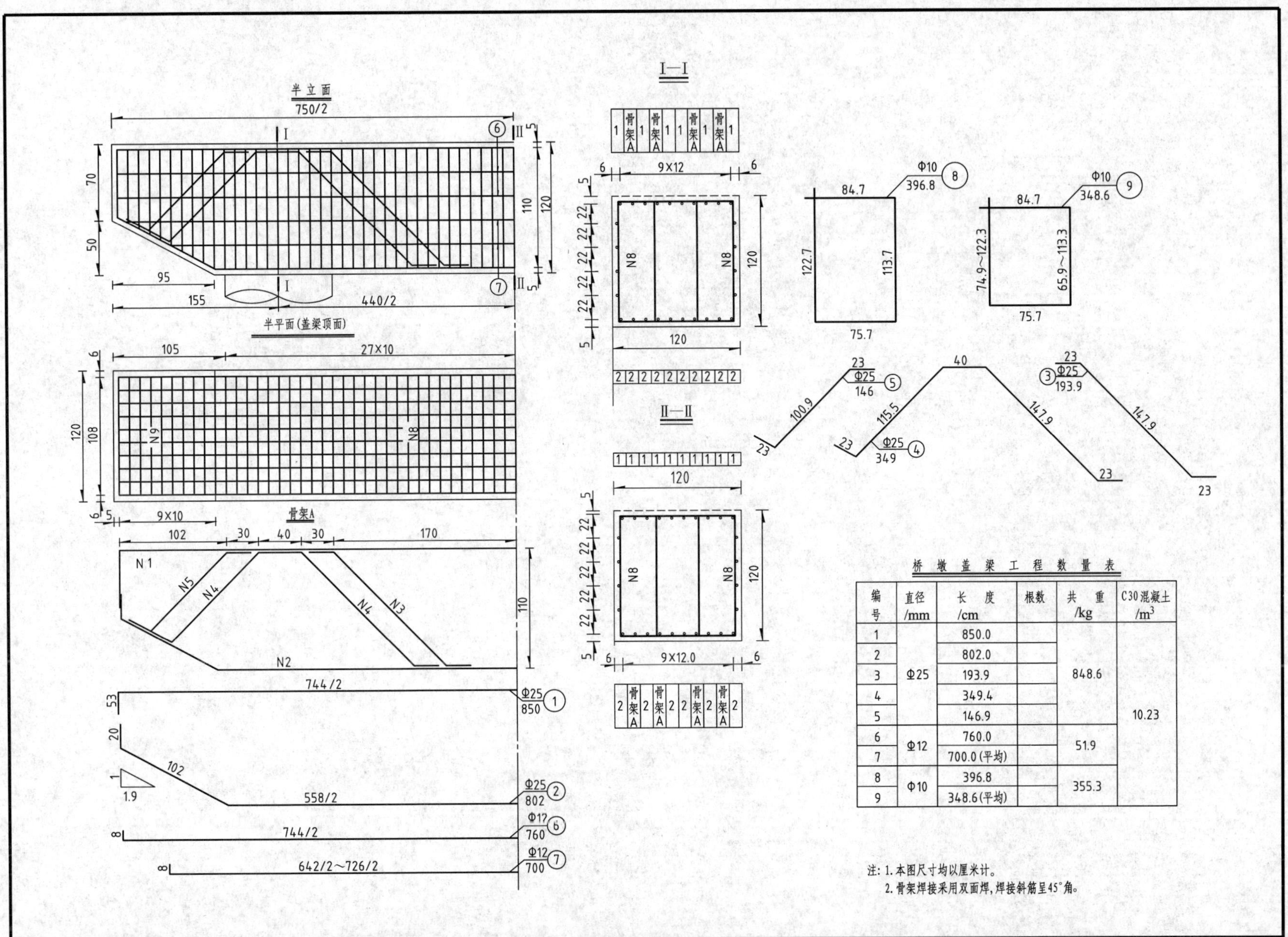

桥墩盖梁工程数量表

编号	直径/mm	长度/cm	根数	共重/kg	C30混凝土/m³
1	Φ25	850.0		848.6	10.23
2		802.0			
3		193.9			
4		349.4			
5		146.9			
6	Φ12	760.0		51.9	
7		700.0(平均)			
8	Φ10	396.8		355.3	
9		348.6(平均)			

注：1. 本图尺寸均以厘米计。

2. 骨架焊接采用双面焊，焊接斜筋呈45°角。

9-8　参照立体图及桥台盖梁钢筋结构图，回答下列问题（图为习题9-1所示桥梁的桥台盖梁钢筋结构图）。

1. 整个梁上共有（　　）种钢筋，（　　）、（　　）、（　　）、（　　）号钢筋均为受力钢筋，并且焊接成钢筋骨架A。1号钢筋分布在梁的顶部，主要用来承受压力；2号钢筋分布在梁的底部，主要用来承受拉力，各（　　）根。3号、4号钢筋是斜筋，主要承受剪力，5号钢筋是分布钢筋，布置在梁的两侧，共（　　）根。6号钢筋是箍筋，沿盖梁纵向是均匀布置的，间距为（　　）cm。

2. 尺寸38×10说明有（　　）个间距，每个间距为（　　）cm布置箍筋。图中除6号钢筋为HPB300（Ⅰ级）钢筋外，其余都是HRB335（Ⅱ级）钢筋。

注：为使图面清晰，立体图中的箍筋没有全部画出，只画出其中一部分。

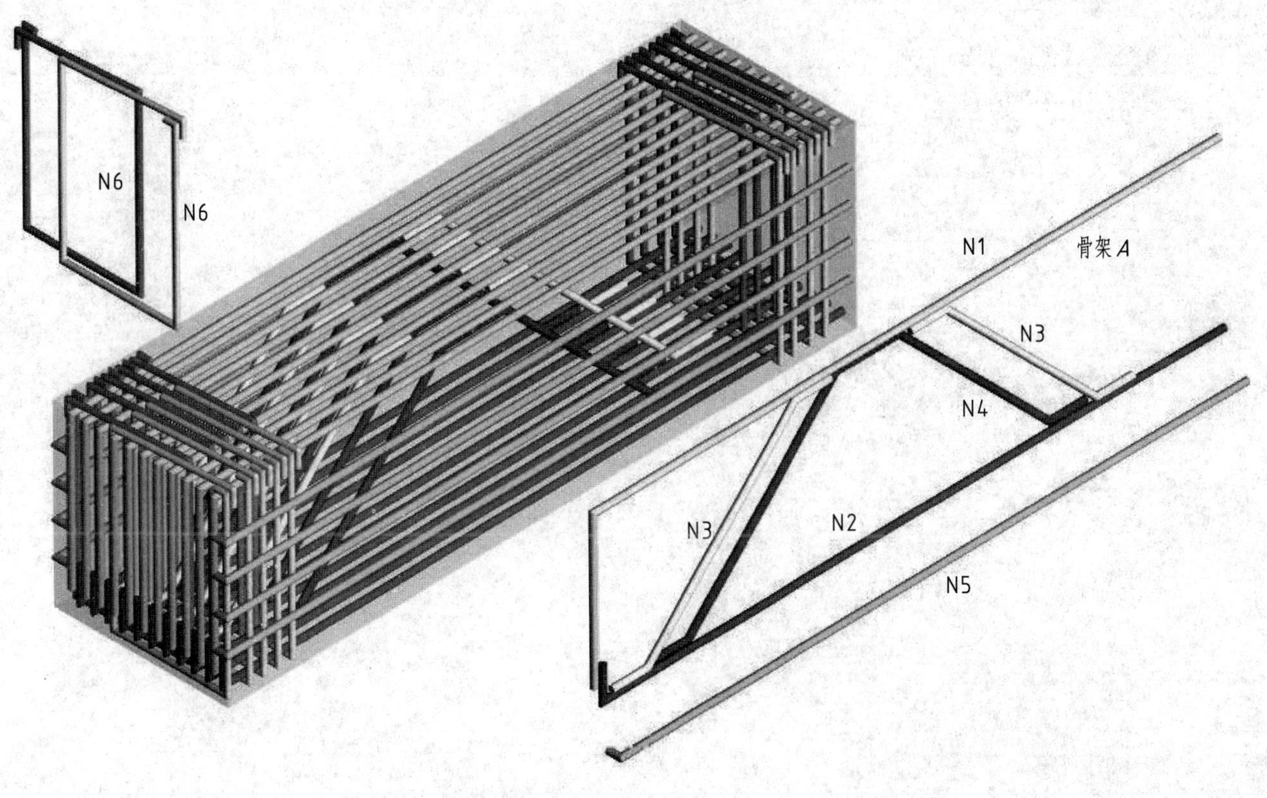

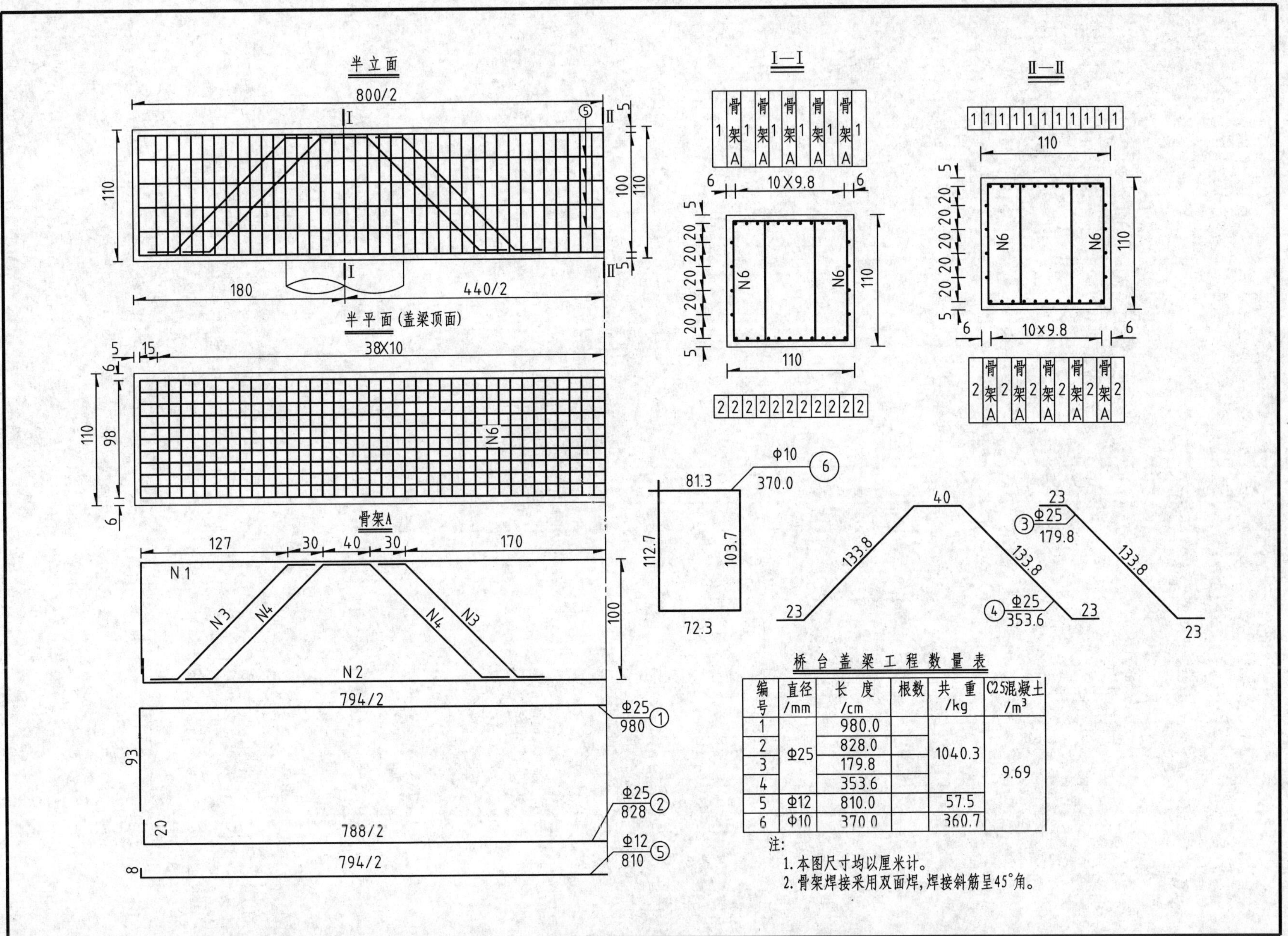

桥台盖梁工程数量表

编号	直径/mm	长度/cm	根数	共重/kg	C25混凝土/m³
1	Φ25	980.0		1040.3	9.69
2		828.0			
3		179.8			
4		353.6			
5	Φ12	810.0		57.5	
6	Φ10	370.0		360.7	

注:

1. 本图尺寸均以厘米计。
2. 骨架焊接采用双面焊，焊接斜筋呈45°角。

9-9　参照立体图及桥墩桩基础钢筋结构图，回答下列问题（图为习题9-1所示桥梁的桥墩桩基础钢筋结构图）。

1. 图中共有（　　）种钢筋。其中（　　）、（　　）、（　　）号钢筋分布在桥墩立柱内，1号钢筋为立柱的主筋，1号钢筋伸入盖梁内的部分做成喇叭形，大约与直线倾斜15°，下部伸入桩柱内的部分也做成微喇叭形。一根桩柱中共有（　　）根1号钢筋，2号加强箍筋在钢筋骨架上每隔（　　）m焊接一根，一根桩柱中共（　　）根。3号钢筋为立柱的螺旋分布筋，只有1根，分布在整个立柱上，其螺旋间距为（　　）cm，3号螺旋筋总长为（　　）cm。

2. 4、5、6、7、8号钢筋为桩基钢筋。4、5号钢筋均为桩柱的主筋，只是长度不同。4、5号钢筋上部与1号钢筋搭接部分向内倾斜，以便与1号钢筋焊接，4、5号钢筋也是沿圆周均匀分布，且与6号加强箍筋焊接。一根桩柱中共有4号、5号钢筋各（　　）根。6号钢筋在钢筋骨架上每隔（　　）m焊接一根，全柱共6根。8号钢筋为螺旋分布筋，分布在整个桩柱上，螺旋间距为（　　）cm，8号钢筋螺旋高度为（　　）cm。7号定位钢筋在钢筋骨架上每隔（　　）m沿圆周等距离焊接四根，一根桩柱中共24根。在桩基础底部有（　　）cm的素混凝土（无钢筋的混凝土）。

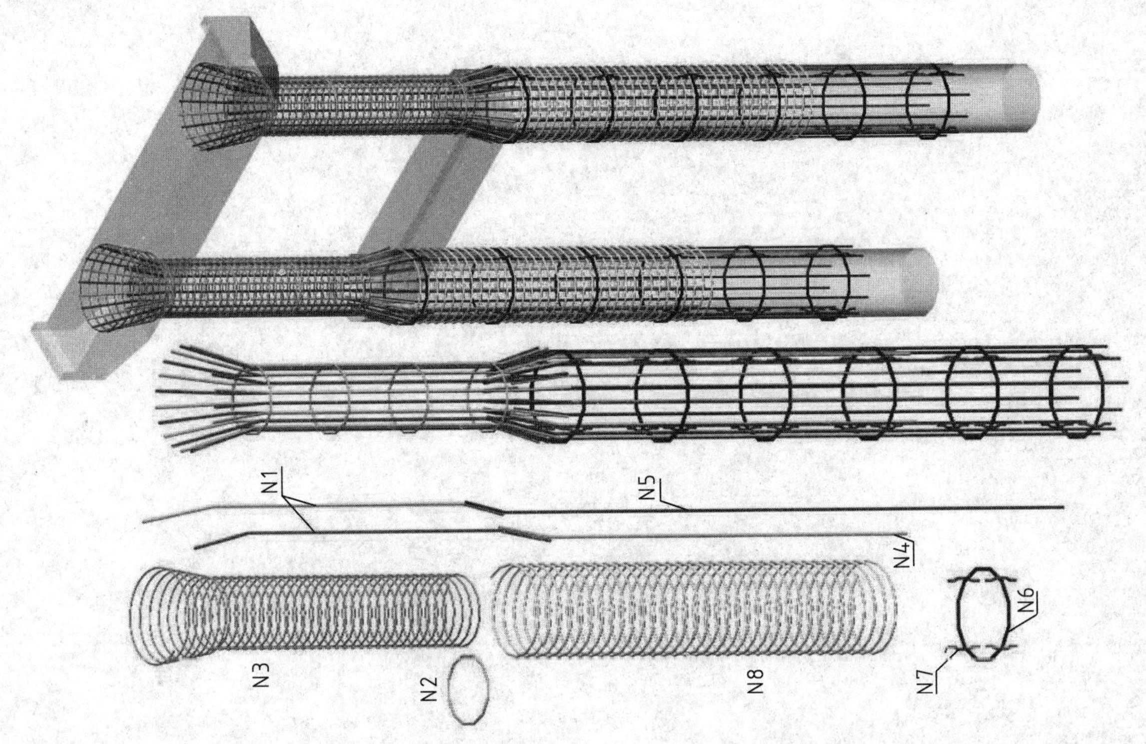

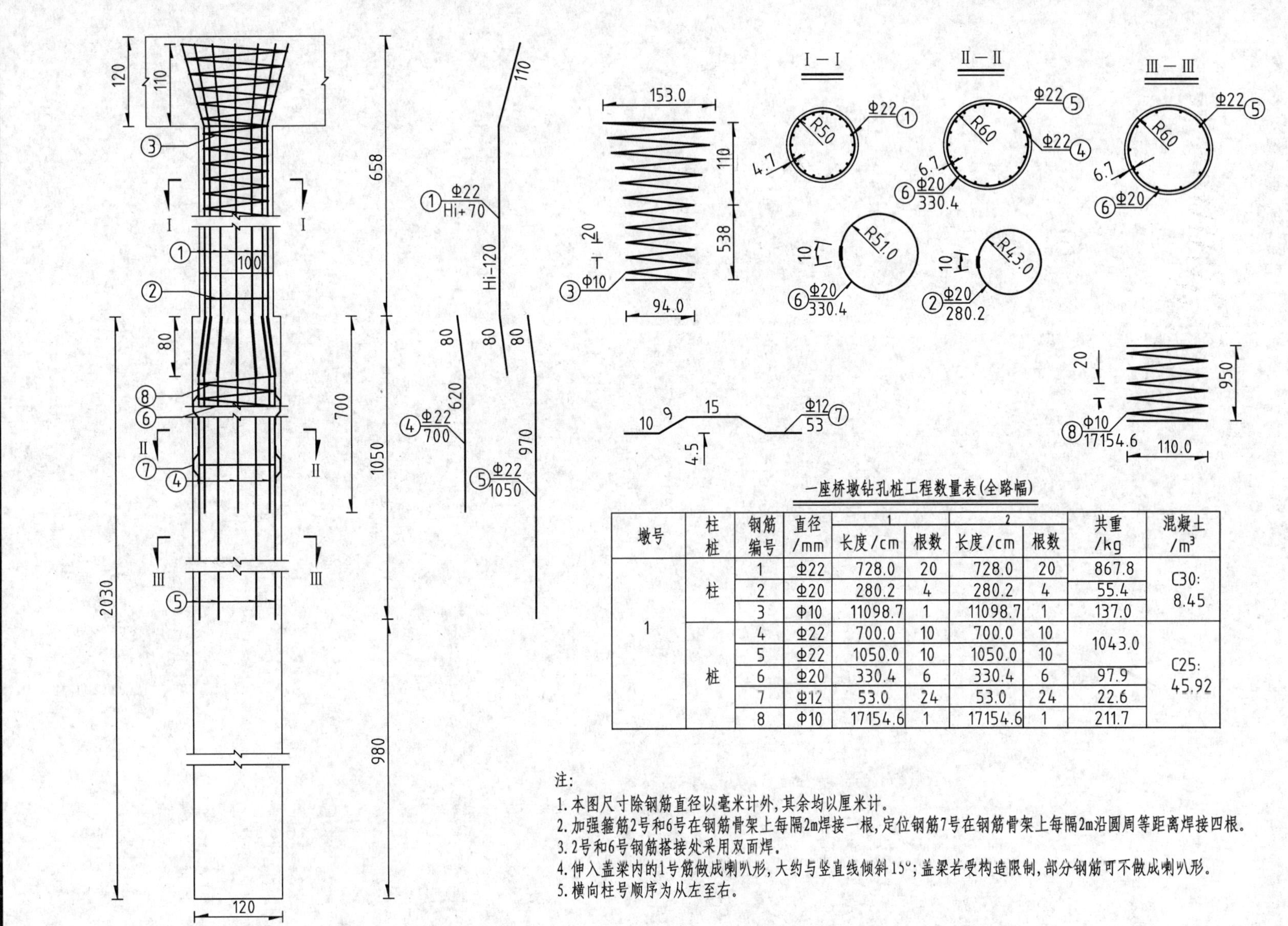

一座桥墩钻孔桩工程数量表(全路幅)

墩号	柱 桩	钢筋 编号	直径 /mm	1 长度/cm	1 根数	2 长度/cm	2 根数	共重 /kg	混凝土 /m³
1	柱	1	Φ22	728.0	20	728.0	20	867.8	C30: 8.45
		2	Φ20	280.2	4	280.2	4	55.4	
		3	Φ10	11098.7	1	11098.7	1	137.0	
	桩	4	Φ22	700.0	10	700.0	10	1043.0	C25: 45.92
		5	Φ22	1050.0	10	1050.0	10		
		6	Φ20	330.4	6	330.4	6	97.9	
		7	Φ12	53.0	24	53.0	24	22.6	
		8	Φ10	17154.6	1	17154.6	1	211.7	

注:

1. 本图尺寸除钢筋直径以毫米计外,其余均以厘米计。
2. 加强箍筋2号和6号在钢筋骨架上每隔2m焊接一根,定位钢筋7号在钢筋骨架上每隔2m沿圆周等距离焊接四根。
3. 2号和6号钢筋搭接处采用双面焊。
4. 伸入盖梁内的1号筋做成喇叭形,大约与竖直线倾斜15°;盖梁若受构造限制,部分钢筋可不做成喇叭形。
5. 横向柱号顺序为从左至右。

第十章　涵洞工程图

10-1　参照立体图及钢筋混凝土盖板涵一般构造图，回答下列问题。

1. 该钢筋混凝土盖板涵洞顶无填土属于（　　）涵，路面宽度为（　　）cm，涵洞轴线与道路中心线的夹角为（　　）。

2. 路基边坡的坡度为（　　），涵洞净高度为（　　）cm。

3. 洞底铺砌的厚度为（　　）cm，砂砾垫层的厚度为（　　）cm，洞口铺砌的厚度为（　　）cm，洞口铺砌的水平形状为（　　）形，洞底铺砌及砂砾垫层的水平形状为（　　）形，涵台基础的水平形状为（　　）形，洞口铺砌水平形状有两个角是直角，在立体图中指出其位置。大翼墙基础的水平形状为梯形，小翼墙基础的水平形状为直角（　　）形，洞顶盖板的水平形状为（　　）形。

4. 涵台基础高度为（　　）cm。

5. 在Ⅰ－Ⅰ断面图中指出涵台、涵台基础、台帽、洞底铺砌、砂砾垫层的断面。大样图Ⅰ－Ⅰ断面图的剖切平面与道路中心线的夹角为（　　）。

6. 涵台、涵台基础、洞底铺砌、翼墙、翼墙基础、截水墙各为（　　）、（　　）、（　　）、（　　）、（　　）、（　　）材料。

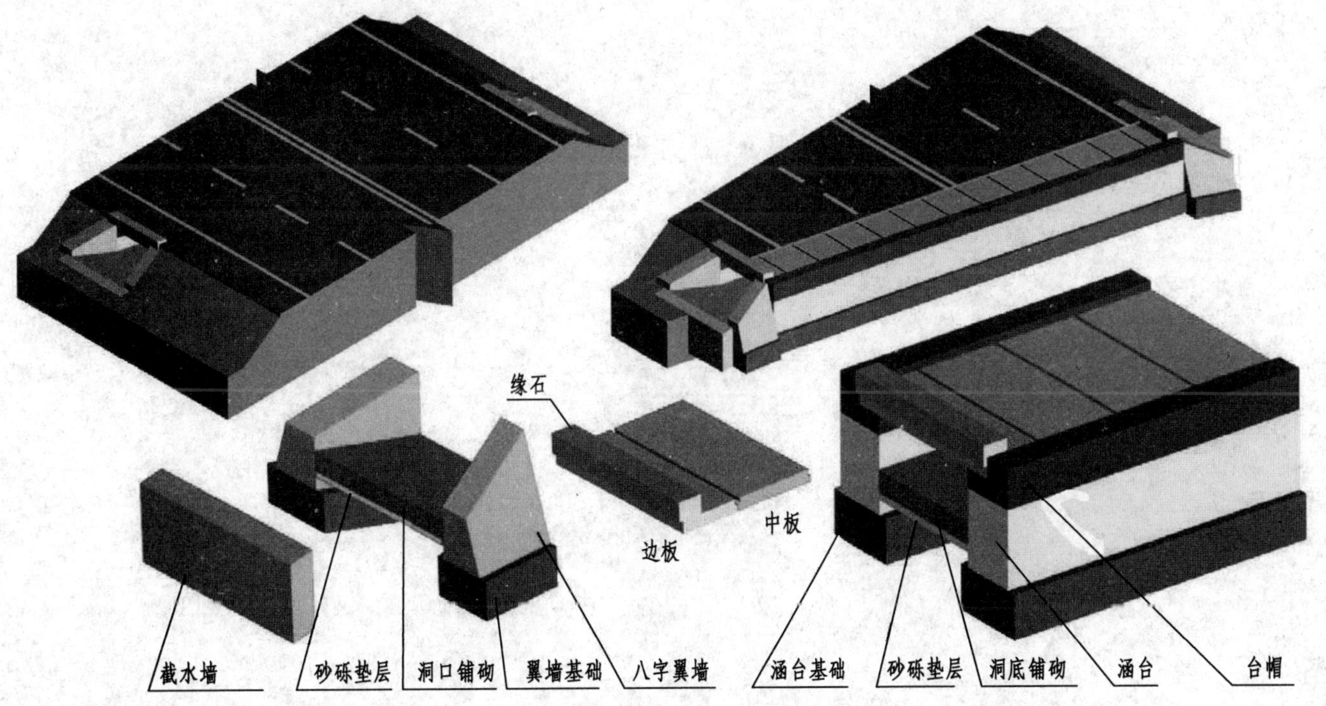

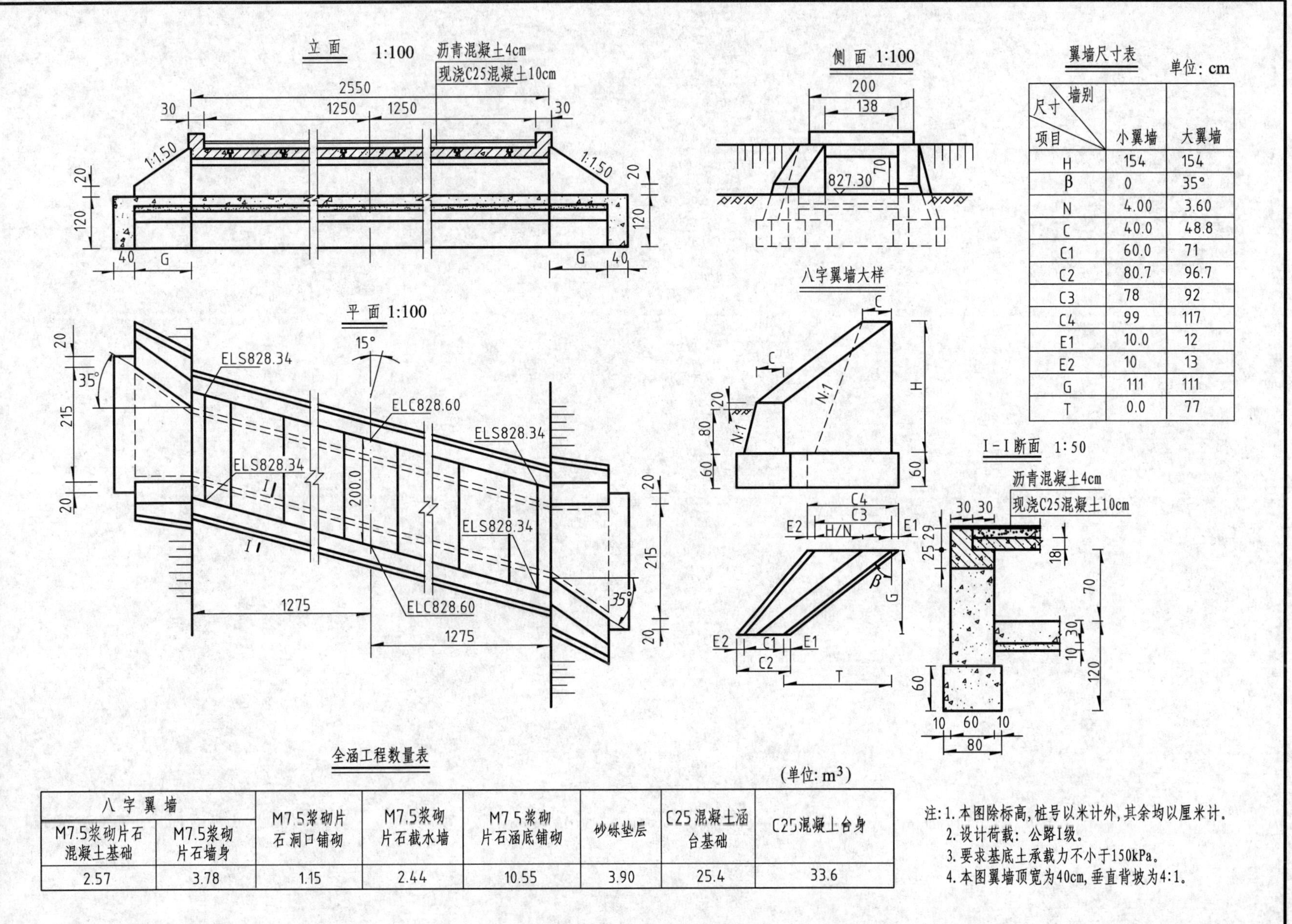

翼墙尺寸表

单位：cm

尺寸 项目 \ 墙别	小翼墙	大翼墙
H	154	154
β	0	35°
N	4.00	3.60
C	40.0	48.8
C1	60.0	71
C2	80.7	96.7
C3	78	92
C4	99	117
E1	10.0	12
E2	10	13
G	111	111
T	0.0	77

全涵工程数量表

(单位：m^3)

八字翼墙		M7.5浆砌片石洞口铺砌	M7.5浆砌片石截水墙	M7.5浆砌片石涵底铺砌	砂砾垫层	C25混凝土涵台基础	C25混凝土台身
M7.5浆砌片石混凝土基础	M7.5浆砌片石墙身						
2.57	3.78	1.15	2.44	10.55	3.90	25.4	33.6

注：1. 本图除标高，桩号以米计外，其余均以厘米计。
2. 设计荷载：公路Ⅰ级。
3. 要求基底土承载力不小于150kPa。
4. 本图翼墙顶宽为40cm，垂直背坡为4:1。

10-2　参照立体图及钢筋混凝土圆管涵一般构造图，并回答下列问题。

注：该钢筋混凝土圆管涵一般构造图的平面图中，没有画出端墙基础的投影也没画出圆管基础及砂砾垫层的投影，这也是工程图中常见的画法，读图时应该注意这一情况。

1. 混凝土圆管直径为（　　）cm，圆管壁厚为（　　）cm，洞口铺砌的厚度为（　　）cm，进洞口铺砌的水平形状为（　　）形，出洞口铺砌的水平形状为（　　）形。

2. 圆管涵底部在道路中心线处的标高为（　　）m，进洞口采用（　　）形式的洞口，出洞口采用（　　）形式的洞口。

3. 缘石、洞口铺砌、端墙、翼墙、截水墙各为（　　）、（　　）、（　　）、（　　）、（　　）材料。

4. 全涵有两种长度的圆管，（　　）m 长度的有（　　）节，（　　）m 长度的有（　　）节。该钢筋混凝土圆管涵路基边坡的坡度为（　　）。

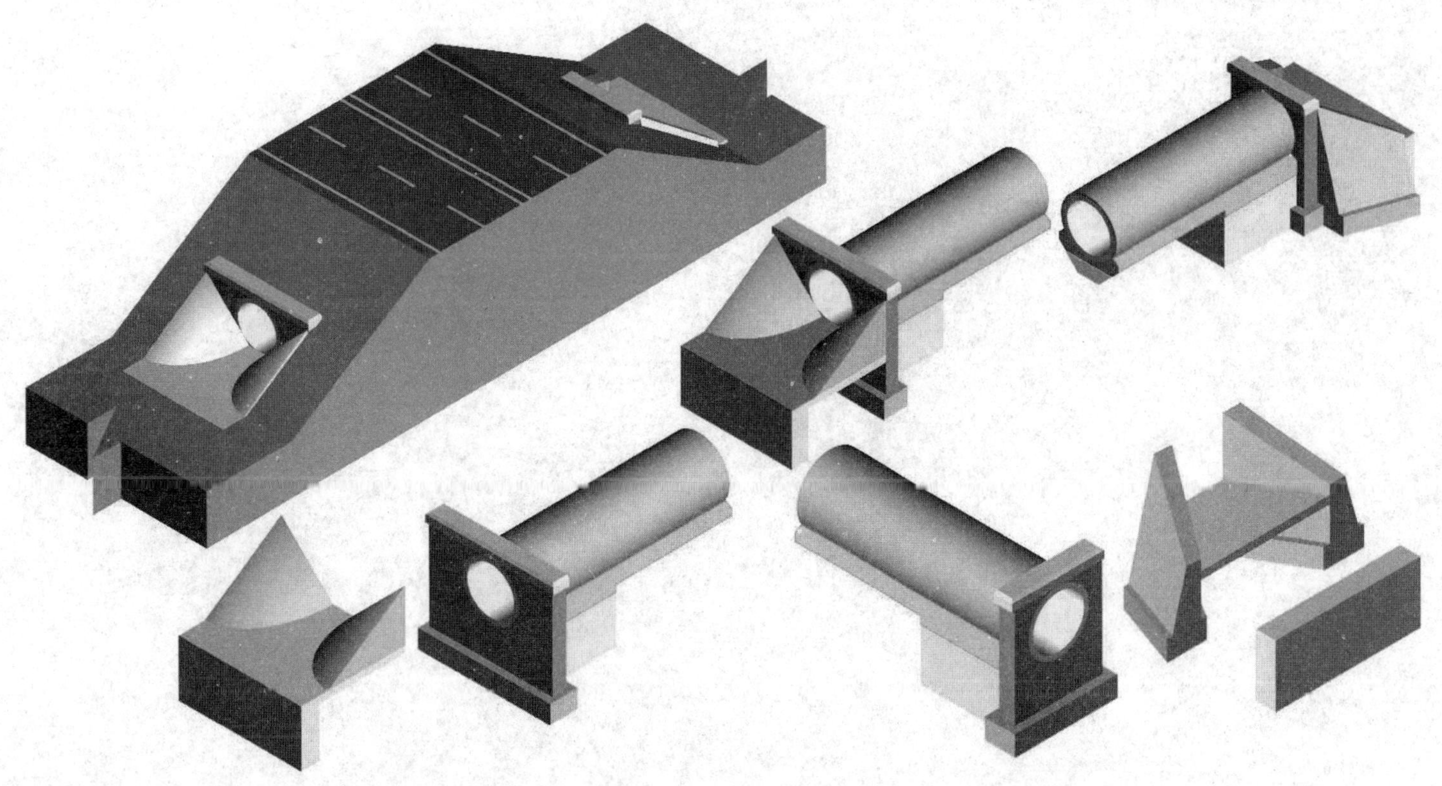

立面图

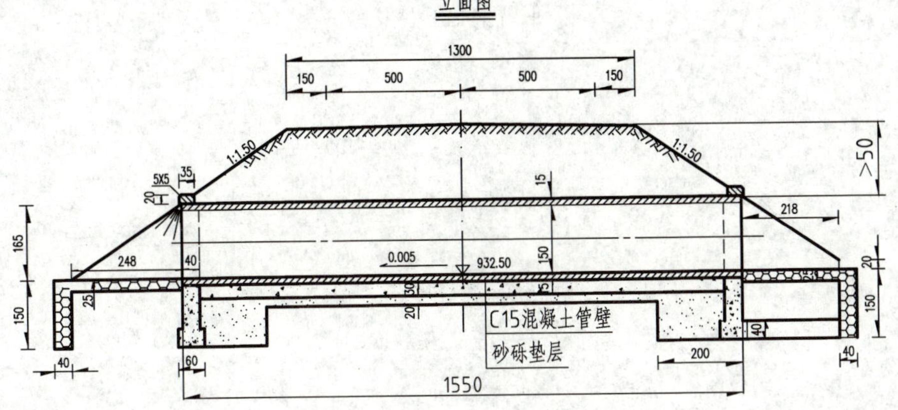

下游洞口立面图

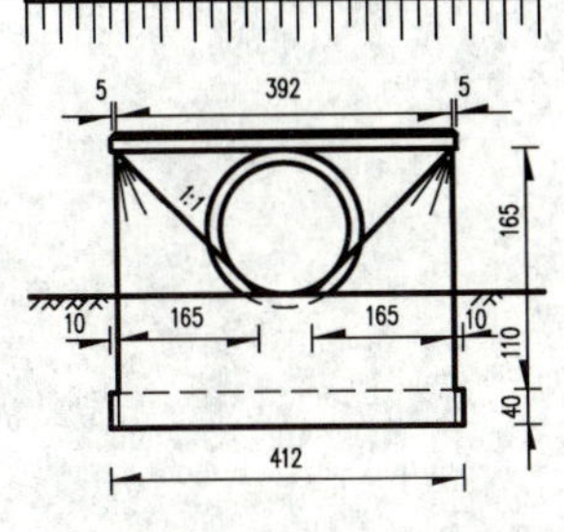

上游洞口立面图

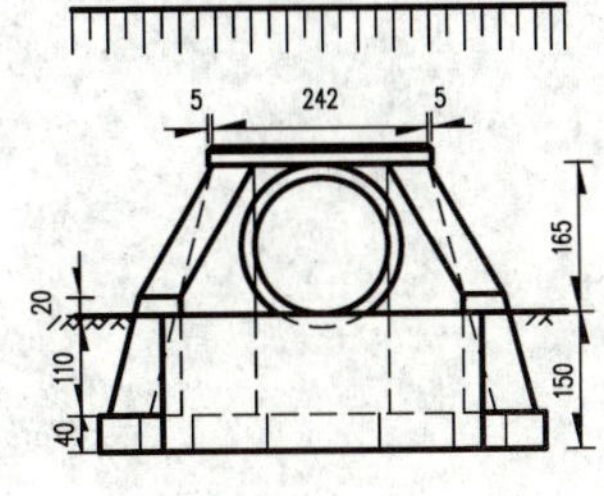

平面图

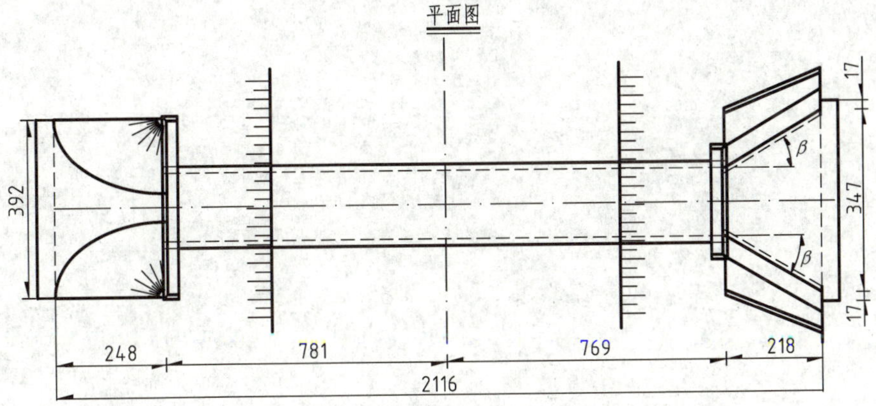

洞口八字翼墙大样图

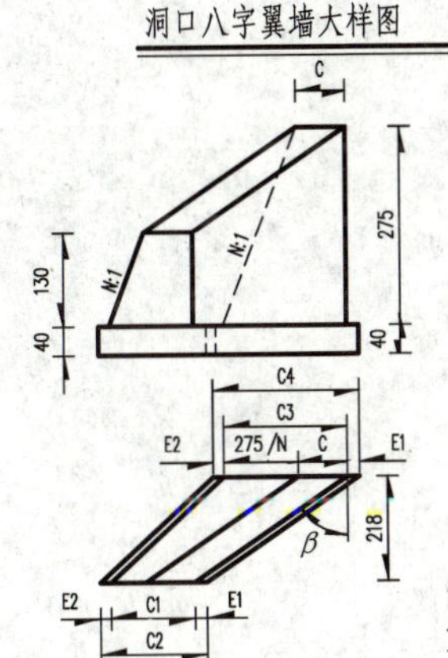

尺寸表

代号	β	N	C /cm	C1 /cm	C2 /cm	C3 /cm	C4 /cm	E1 /cm	E2 /cm
尺寸	30°	3.75	46.2	80.8	103.8	119.5	142.5	12	11

工程数量表

工程项目名称	单位	数量
C15混凝土端墙墙身	m^3	4.94
C10混凝土端墙基础	m^3	1.62
C15混凝土管基	m^3	12.74
C15混凝土缘石	m^3	0.46
砂砾垫层	m^3	8.96
M7.5浆砌片石洞口铺砌	m^3	2.32
M7.5浆砌片石截水墙	m^3	5.00
M7.5浆砌片石锥坡	m^3	1.71
锥心填土	m^3	1.82
C15混凝土八字翼墙墙身	m^3	6.75
C10混凝土翼墙基础	m^3	2.14
1m管节个数	个	15
0.5m管节个数	个	1
2个斜管节长度	cm	10

注:
1. 本图尺寸除标高以米计外，其余均以厘米计。
2. 涵洞全长范围内设沉降缝3～4道，其位置以设在路基中部和行车道外侧为宜。
3. 管基混凝土可分两次浇筑，先浇筑底下部分，注意预留管基厚度及安放管节座浆混凝土2～3cm，待安放管节后再浇筑上部混凝土。

10-3　参照立体图及石拱涵一般构造图，回答下列问题。

注：该拱涵的左侧地面高度较高，右侧较低，在10.8m的范围内高度差为（1015.50m－1014.42m＝1.08）m，坡度可达10%，该涵洞分成三段，一段与另一段有一定的落差，图上有标注。该图的水平投影是假想去掉护拱后的投影（应该注意的是工程中涵洞图的水平投影往往省略许多线条，如果是这样的话就一定要结合涵洞构件图仔细阅读）。

1. 该石拱涵洞顶道路中心线处的填土高度为（　　）cm，路基宽度为（　　）cm。路基边坡的坡度为（　　）。洞底道路中心线处的标高是（　　）m，洞底坡度为（　　），两段涵身之间的落差是（　　）cm。中间段涵身两端之间的水平距离为（　　）cm。

2. 在涵身断面图中指出涵台基础、涵台、拱圈、护拱、洞底铺砌、洞底垫层的断面。端墙基础的高度为（　　）cm，涵台基础的高度为（　　）cm。

3. 洞底铺砌、洞底垫层的厚度为（　　）cm、（　　）cm。

4. 分析每一构件的投影情况，想象各构件的形状。

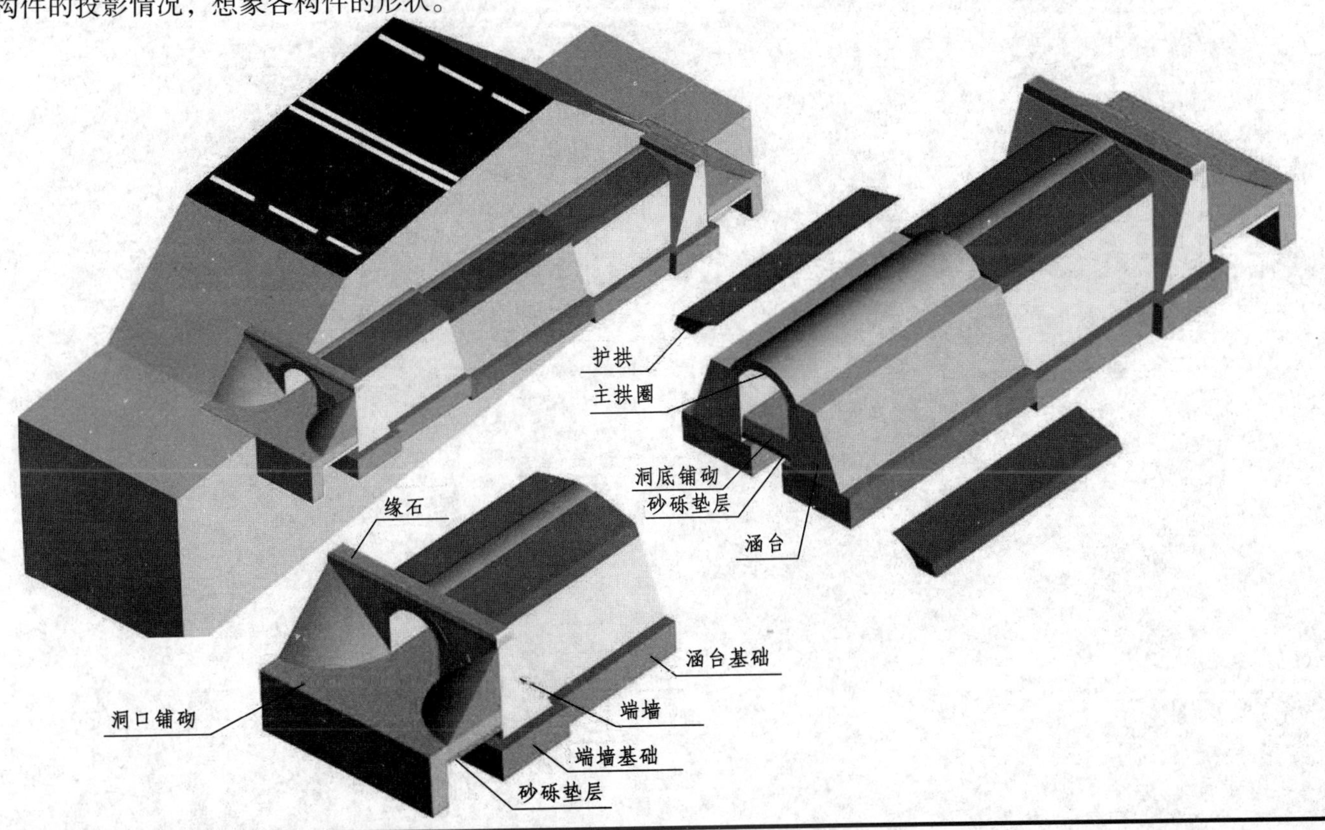

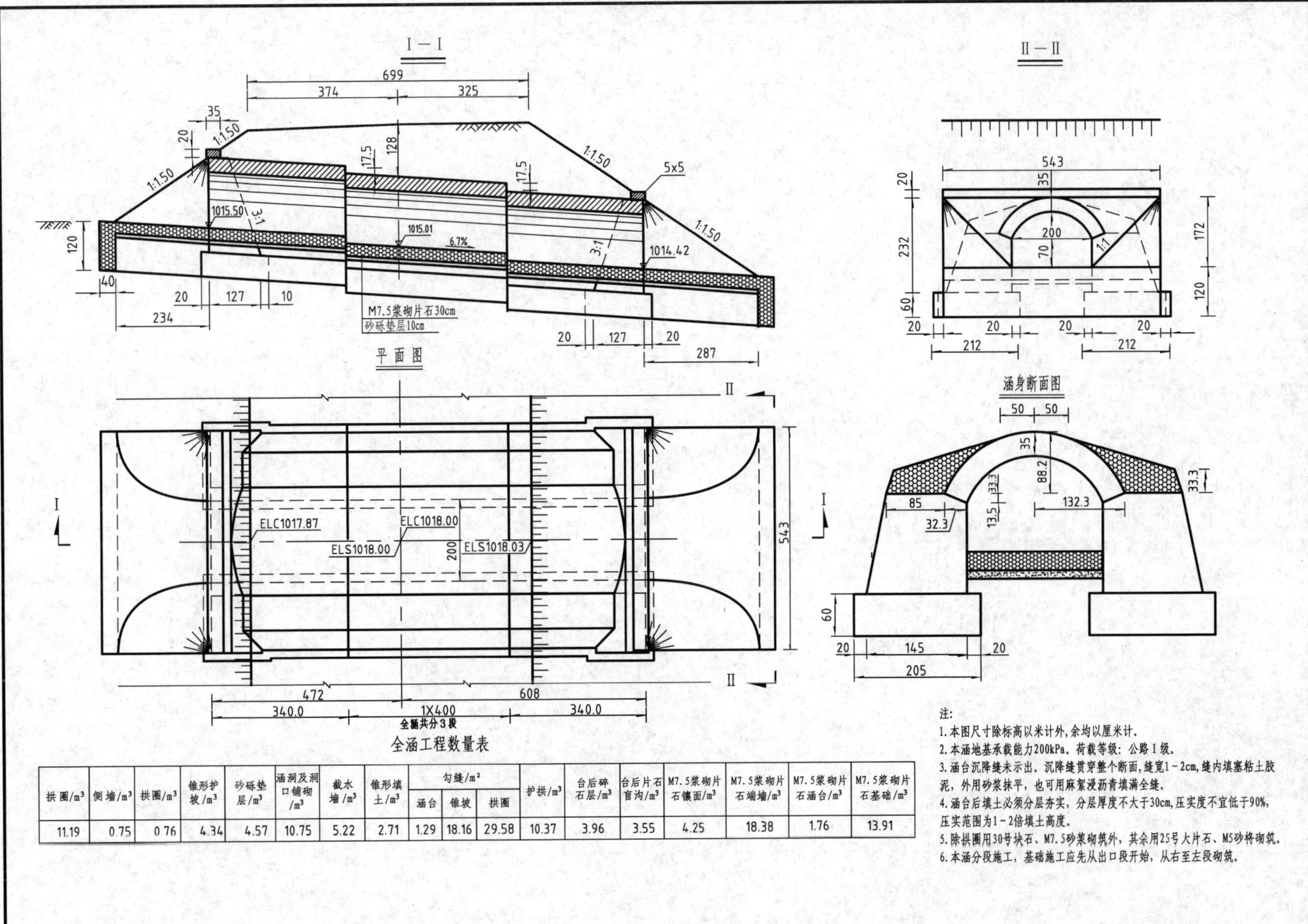

全涵工程数量表

拱圈/m³	侧墙/m³	拱圈/m³	锥形护坡/m³	砂砾垫层/m³	涵洞及洞口铺砌/m³	截水墙/m³	锥形填土/m³	勾缝/m²			护拱/m³	台后碎石层/m³	台后片石盲沟/m³	M7.5浆砌片石镶面/m³	M7.5浆砌片石端墙/m³	M7.5浆砌片石涵台/m³	M7.5浆砌片石基础/m³
								涵台	锥坡	拱圈							
11.19	0.75	0.76	4.34	4.57	10.75	5.22	2.71	1.29	18.16	29.58	10.37	3.96	3.55	4.25	18.38	1.76	13.91

注:

1. 本图尺寸除标高以米计外,余均以厘米计。
2. 本涵地基承载能力200kPa。荷载等级:公路Ⅰ级。
3. 涵台沉降缝未示出。沉降缝贯穿整个断面,缝宽1~2cm,缝内填塞粘土胶泥,外用砂浆抹平,也可用麻絮浸沥青填满全缝。
4. 涵台后填土必须分层夯实,分层厚度不大于30cm,压实度不宜低于90%,压实范围为1~2倍填土高度。
5. 除拱圈用30号块石、M7.5砂浆砌筑外,其余用25号大片石、M5砂将砌筑。
6. 本涵分段施工,基础施工应先从出口段开始,从右至左段砌筑。

第十一章　隧道工程图

11-1　参照立体及隧道洞门投影图，回答下列问题。

1. 立面图是垂直于路线中心线的剖面图，剖切平面在洞门前。侧面投影图为纵剖面图，剖切平面通过路线中心线，投影方向为从（　　）向（　　）。

2. 从平面图中可见洞内排水沟与洞外边沟的汇集情况及排水路径，由洞内外水沟处标注的箭头可以看出排水路径是由洞（　　）排向洞（　　）；可以看出洞顶排水沟的走向及排水坡度，排水沟的坡度分为三段，每段的坡度分别为（　　）、（　　）、（　　）（从右向左）。

3. 明洞回填底部为600cm 高的浆砌片石，上面是夯实碎石土，请在立体图中标出明洞回填及夯实碎石土的位置。

4. 从水平投影图中可以看出行车道、左侧硬路肩、右侧硬路肩、土路肩、边沟、碎落台的宽度分别为（　　）cm、（　　）cm、（　　）cm、（　　）cm、（　　）cm、（　　）cm。

5. 由侧面图可见明洞洞顶仰坡坡度为（　　），暗洞洞顶仰坡坡度为（　　）；由立面图可见洞口边坡分为两级，中间设置平台，边坡坡度为（　　）cm，平台宽度为（　　）cm。

6. 该隧道洞门桩号为（　　），明暗洞交界处的桩号为（　　），洞门衬砌拱顶的厚度为（　　）cm。

隧道洞口立体图（1）

××双隧道
边坡
平台
洞内排水沟出口大样图
路堑边坡
碎落台
边沟
洞内排水沟出口
硬路肩
土路肩
暗洞洞顶仰坡
明洞洞顶仰坡
×××双隧道
墙帽
洞门墙
主拱圈
洞门墙基础
电缆槽基础
电缆槽
盖板
洞顶排水沟
洞门墙基层
地基
洞内排出水口
仰拱圈
混凝土回填
洞内路面
洞内排水出口

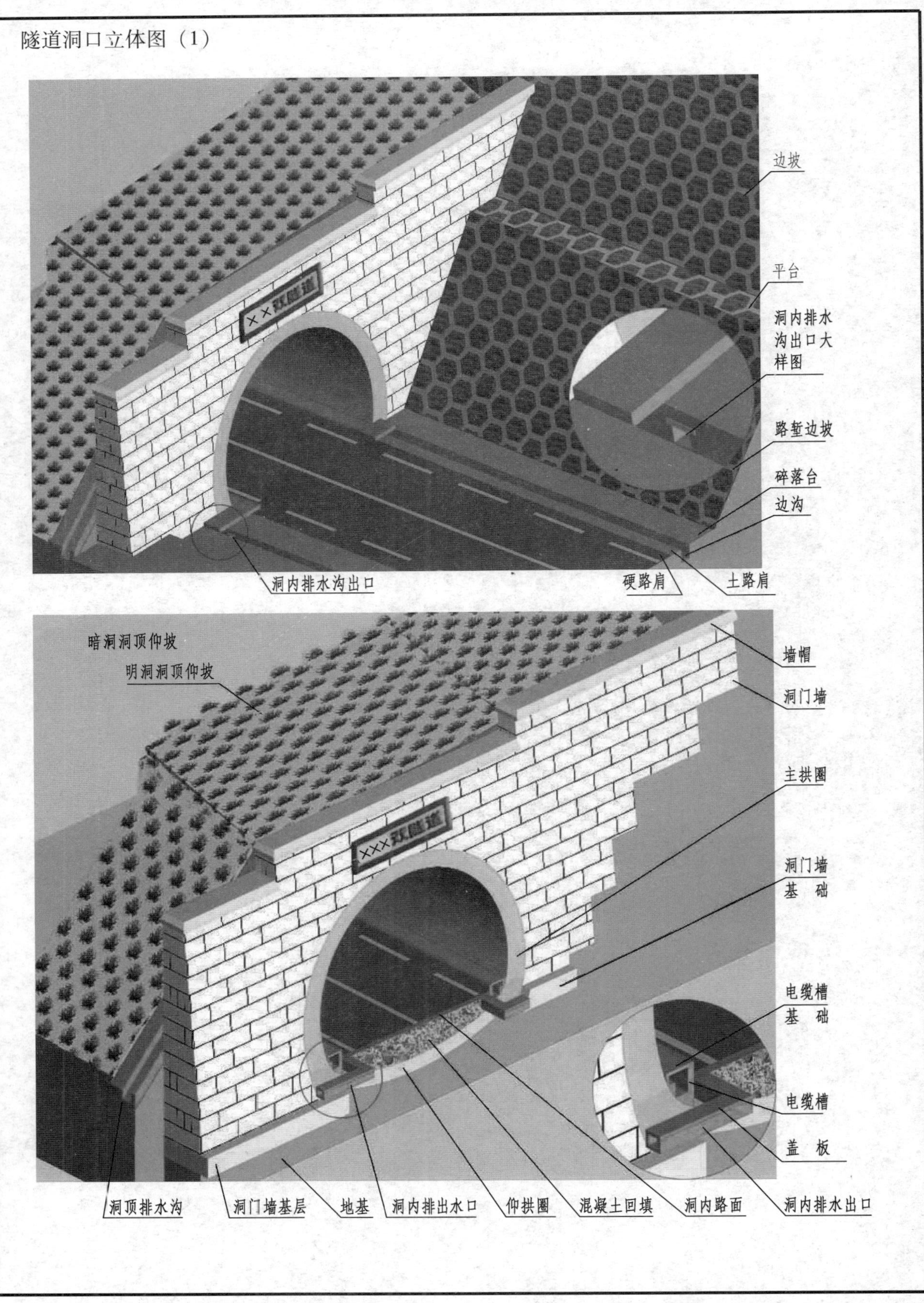

隧道洞口立体图（2）

洞 顶
排水沟
(　　)
(　　)
主拱圈
洞门墙
基 础
仰 拱
洞门墙基础
挡墙
10号片石混凝土回填
暗洞洞
顶仰坡
夯填碎
石 土
明暗洞
分界线
主拱圈
路面
片石混凝
土回填
仰 拱
地 基

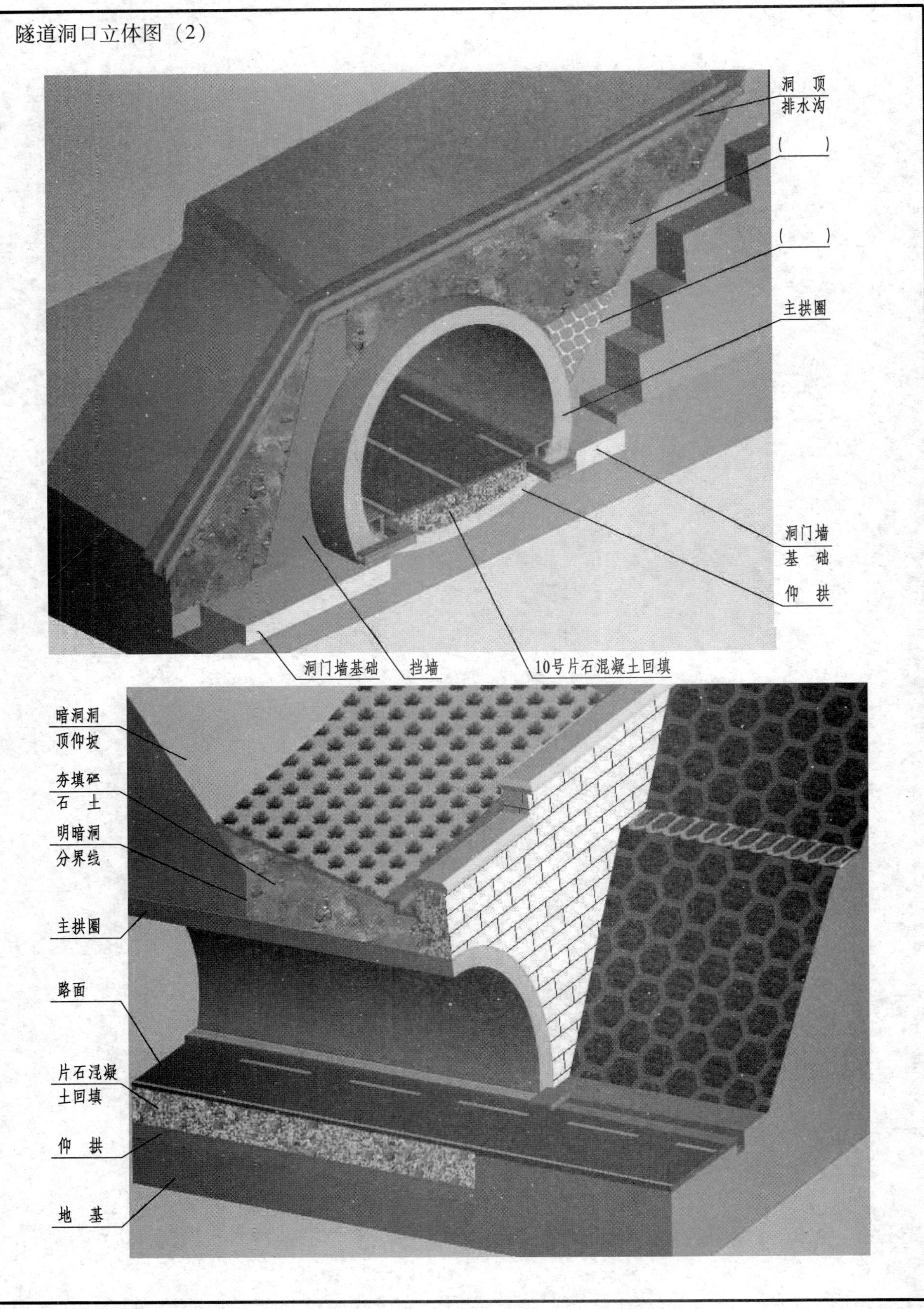

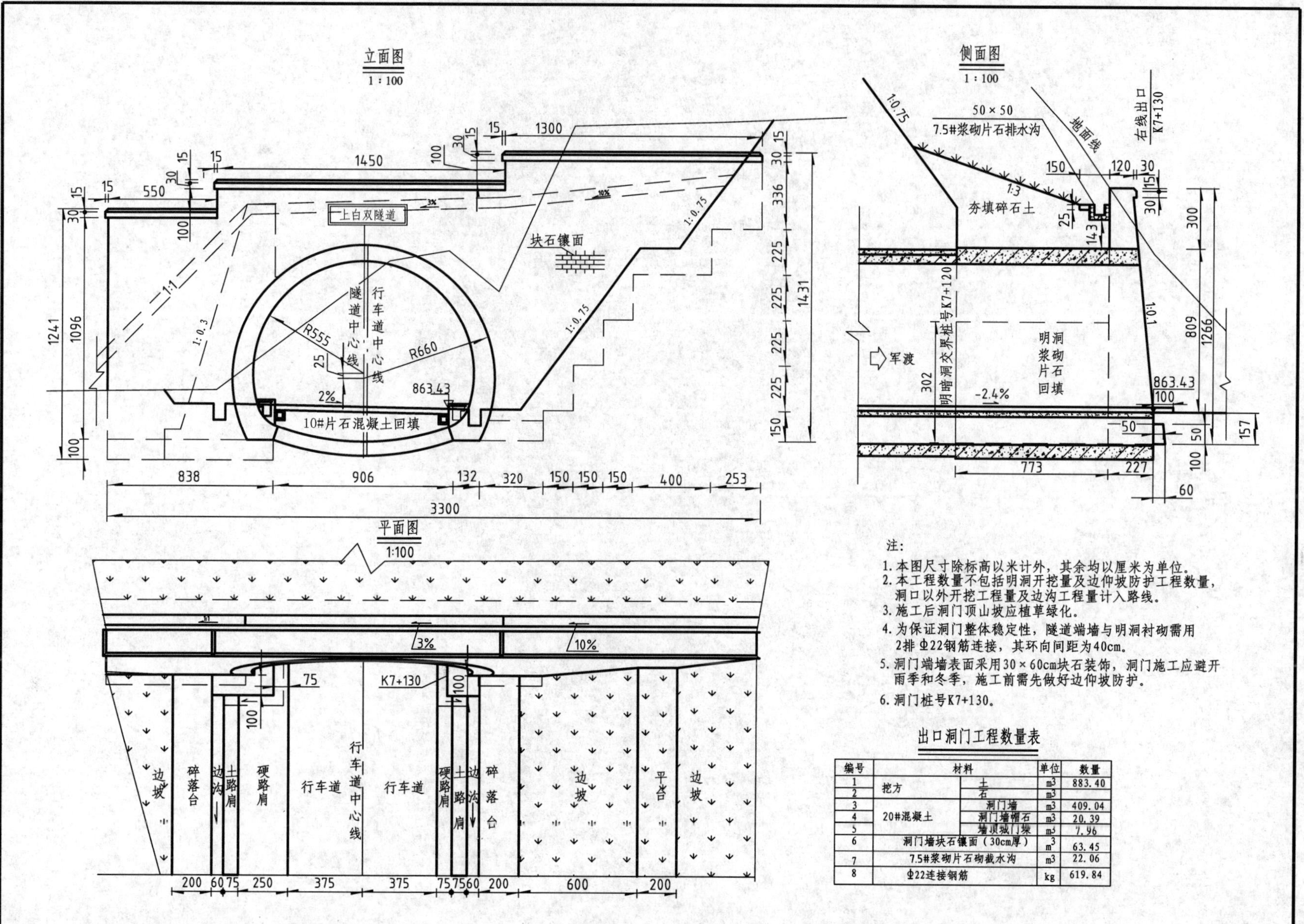

注:

1. 本图尺寸除标高以米计外，其余均以厘米为单位。
2. 本工程数量不包括明洞开挖量及边仰坡防护工程数量，洞口以外开挖工程量及边沟工程量计入路线。
3. 施工后洞门顶山坡应植草绿化。
4. 为保证洞门整体稳定性，隧道端墙与明洞衬砌需用2排Φ22钢筋连接，其环向间距为40cm。
5. 洞门端墙表面采用30×60cm块石装饰，洞门施工应避开雨季和冬季，施工前需先做好边仰坡防护。
6. 洞门桩号K7+130。

出口洞门工程数量表

编号	材料		单位	数量
1	挖方	土	m^3	883.40
2		石	m^3	
3	20#混凝土	洞门墙	m^3	409.04
4		洞门墙帽石	m^3	20.39
5		墙顶城门垛	m^3	7.96
6	洞门墙块石镶面（30cm厚）		m^3	63.45
7	7.5#浆砌片石砌截水沟		m^3	22.06
8	Φ22连接钢筋		kg	619.84

11-2（一） 阅读图示隧道衬砌断面设计图，回答提出的问题。

1. 该设计图适用于Ⅱ类围岩段，超前支护采用 $\phi50$ 超前小导管注浆支护，其两相邻超前小导管圆周方向的间距（环向间距）为（　　）cm。小导管长度为（　　）m。

2. 该围岩段在过石质层时采用（　　）锚杆，过土质层时采用（　　）锚杆。每环锚杆数量为（　　）根，锚杆长度为（　　）m，锚杆纵向间距为（　　）cm。

3. 初期支护喷射混凝土厚度（　　）cm。钢筋网片的钢筋直径为（　　）mm。

4. 主拱圈二次衬砌现浇 C25 混凝土的厚度为（　　）cm。仰拱二次衬砌现浇 C25 混凝土的厚度为（　　）cm。

5. 洞内路面横坡为（　　）。

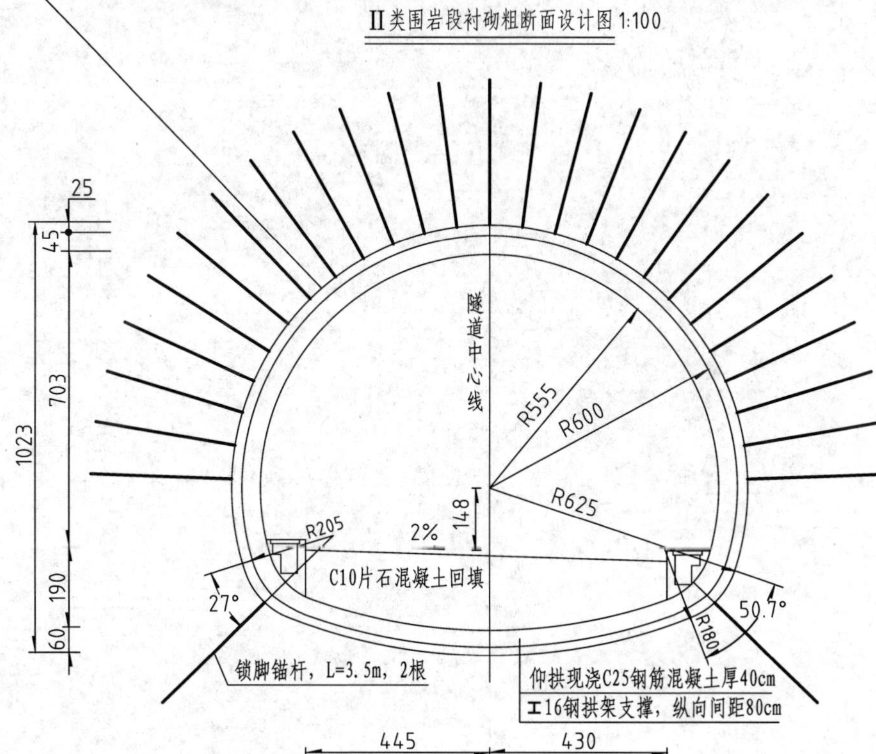

每延米工程数量表

序号	项 目	规 格	单 位	数 量	备 注
1	土石开挖		m^3	103.79	
2	钢导管	ϕ50	kg	219.6	壁厚4mm
3	注 浆	水泥水玻璃浆	m^3	3.53	
4	自钻式锚杆	ϕ25	m	126.88	石质中采用每环29根
	砂浆锚杆	ϕ22	kg	378.10	土质中采用每环29根
5	Φ8钢筋网片	20cm×20cm	kg	93.33	
6	喷混凝土	C25	m^3	6.23	
7	型钢钢架	工16	kg	637.35	
8	钢 板	260mm×220mm×20mm	kg	67.35	
9	高强螺栓、螺母	AM20	kg	5.70	
10	纵向连接钢筋	Ⅱ级	kg	89.44	
11	拱圈二次衬砌	C25	m^3	10.45	
12	拱圈二衬钢筋	Ⅱ级	kg	698.22	
13	拱圈二衬钢筋	Ⅰ级	kg	100.21	
14	仰拱现浇混凝土	C25	m^3	6.57	
15	纵向连接筋	Ⅱ级	kg	40.22	
18	仰拱钢筋	Ⅱ级	kg	364.45	
19	仰拱钢筋	Ⅰ级	kg	43.19	
20	仰拱回填	C10	m^3	10.44	
21	喷 涂		m^2	20.19	

注：

1. 本图尺寸除钢筋直径、锚杆直径、钢板以毫米计外，其余均以厘米计。
2. 本图适用于Ⅱ类围岩段。
3. 施工中若围岩划分与实际不符时，应根据围岩监控量测结果，及时调整开挖方式和修正支护参数。
4. 施工中应严格遵守短进尺，弱爆破，强支护，早成环的原则。
5. 隧道施工预留变形量10cm。
6. 初期支护的锚杆应尽可能地与钢拱架焊接。
7. 隧道过石质层时采用Φ25自钻式锚杆，过土质层时采用Φ22砂浆锚杆。

11-3　参照立体图及Ⅱ类围岩浅埋段钢拱架支撑构造图，回答下列问题。

1. 两榀钢拱架之间的纵向间距为（　　）cm，并在两榀钢拱架之间焊接有纵向连接钢筋 2，纵向连接钢筋 2 的环向距离为 100cm，一榀钢拱架有纵向连接钢筋 2 约（　　）根。

2. 钢拱架采用工字钢型号为（　　），工字钢高度为（　）cm。

3. 接点 A 处经螺栓拼接，每个接点处有（　　）个螺栓连接，每一榀钢拱架上共（　　）个螺栓连接，连接钢板的的尺寸为（　　）mm ×（　　）mm ×（　　）mm。

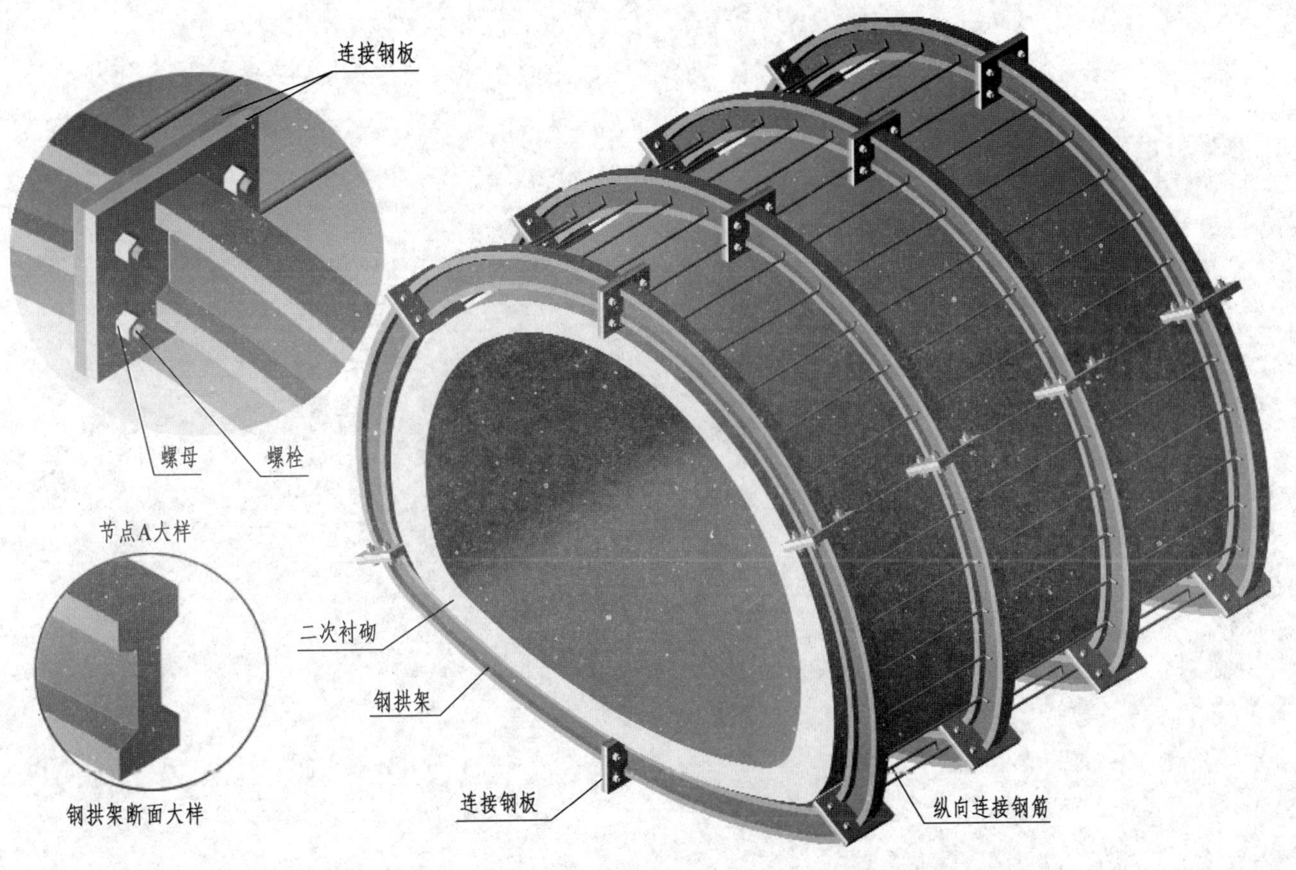

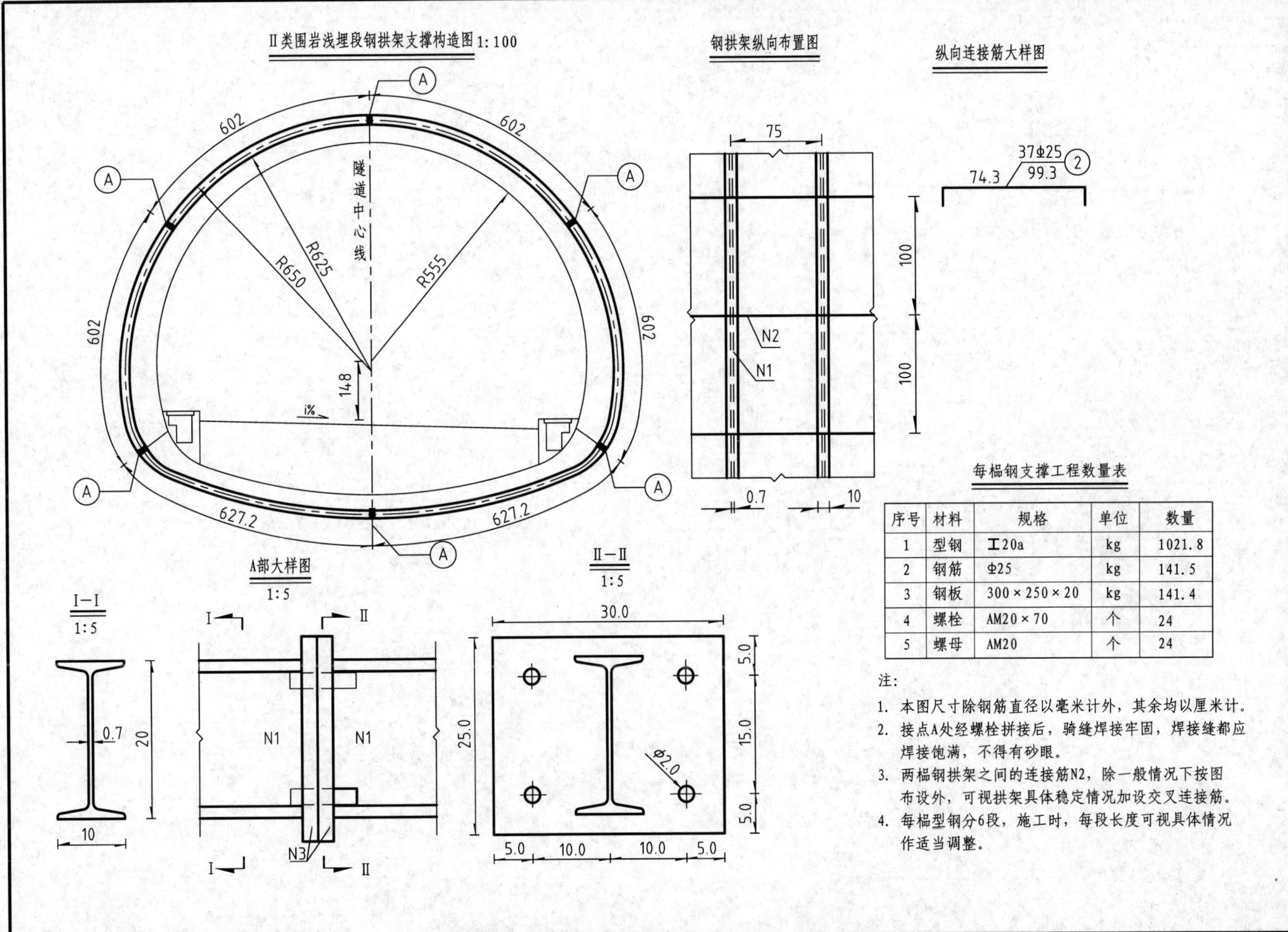

每榀钢支撑工程数量表

序号	材料	规格	单位	数量
1	型钢	工20a	kg	1021.8
2	钢筋	Φ25	kg	141.5
3	钢板	300×250×20	kg	141.4
4	螺栓	AM20×70	个	24
5	螺母	AM20	个	24

注：

1. 本图尺寸除钢筋直径以毫米计外，其余均以厘米计。
2. 接点A处经螺栓拼接后，骑缝焊接牢固，焊接缝都应焊接饱满，不得有砂眼。
3. 两榀钢拱架之间的连接筋N2，除一般情况下按图布设外，可视拱架具体稳定情况加设交叉连接筋。
4. 每榀型钢分6段，施工时，每段长度可视具体情况作适当调整。

*11-4　参照立体图及隧道Ⅳ类围岩段二次衬砌钢筋设计图，回答下列问题（为了较清楚地表达钢筋的分布情况，立体示意图中箍筋的数量比实际要少）。

1. Ⅳ类围岩段采用了钢筋混凝土二次衬砌，该围岩段没有设置仰拱只有主拱圈，主拱圈的二次衬砌的内圈半径为（　　）cm，外圈半径为（　）cm，二次衬砌的厚度为（　　）cm。

2. 主筋的纵向（隧道轴向）间距为（　　）cm，每延米有（　　）圈主筋。

3. 箍筋的环向间距为（　　）cm，拱圈部分箍筋有（　　）个间距，一圈有（　　）根，每延米有箍筋有（　　）圈，每延米共有箍筋（　　）根。

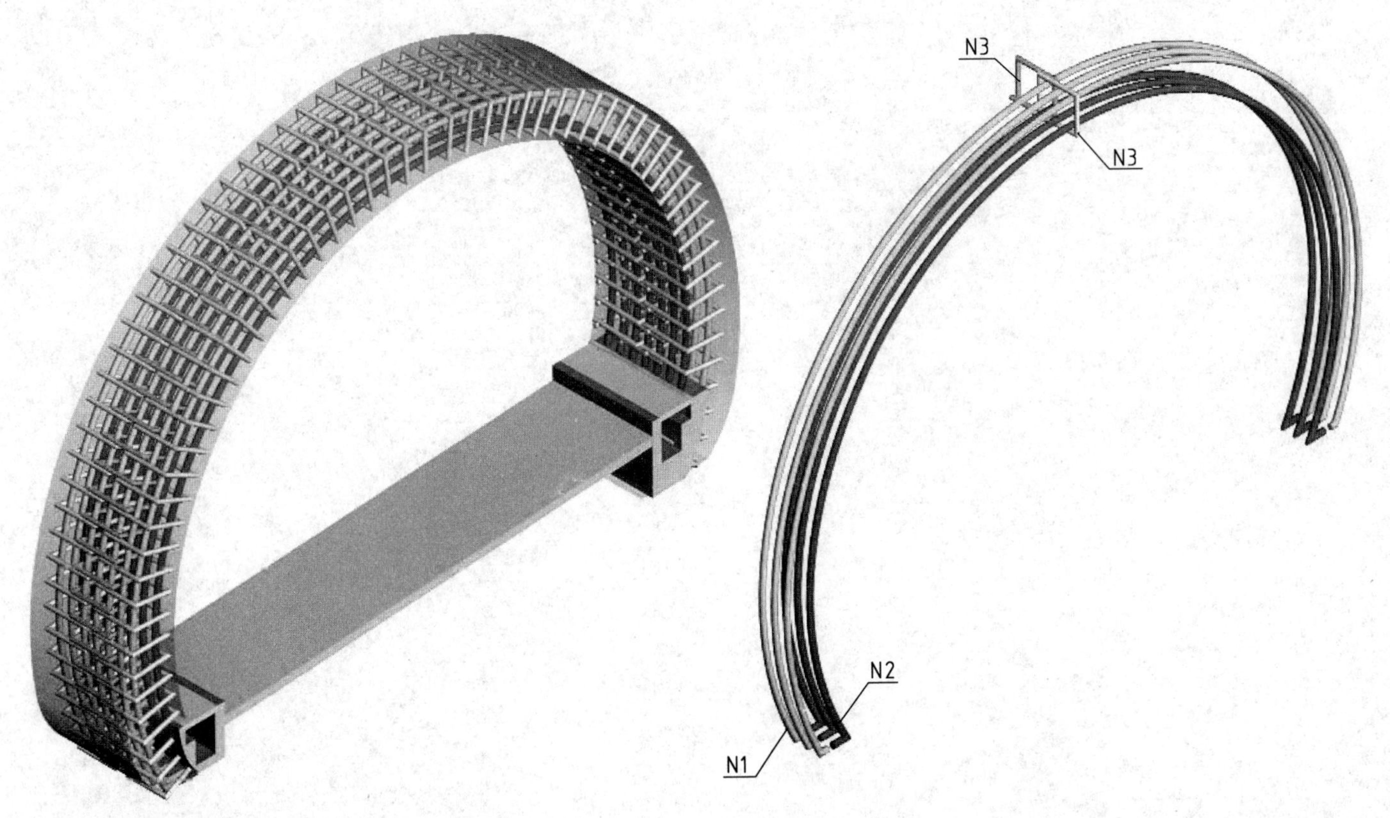

IV类围岩段二次衬砌钢筋设计图 1:100

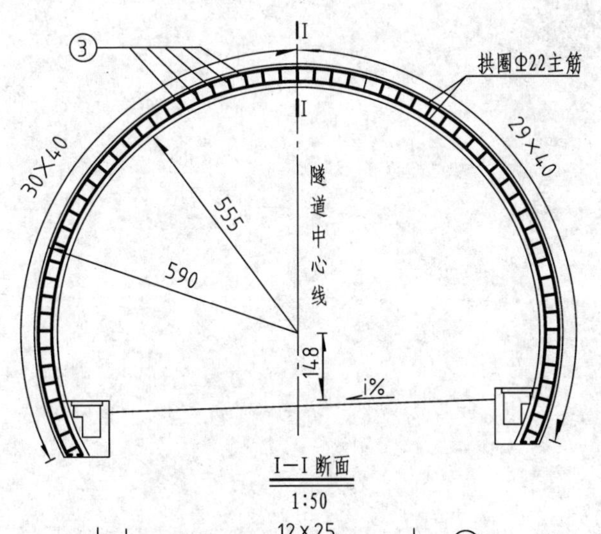

I—I 断面

1:50

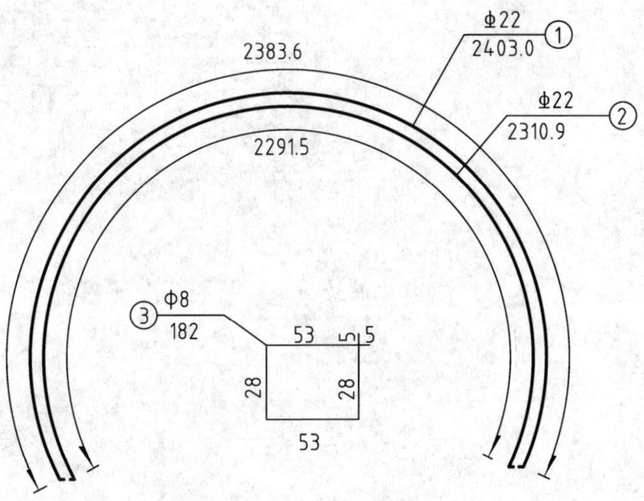

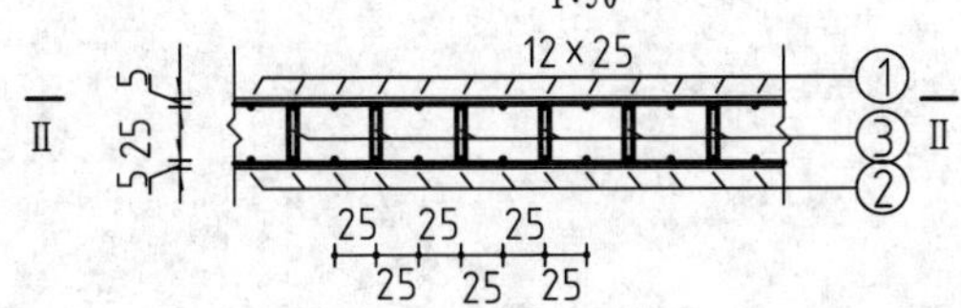

II—II断面

1:50

25 25 25

25 25 25

40 40 40 40 40

①

③

每延米衬砌钢筋数量表

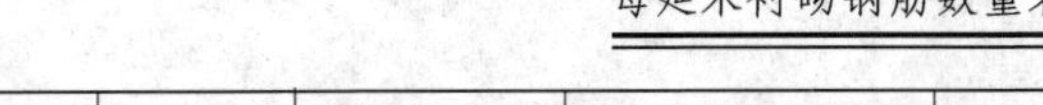

序号	规格	每根长/cm	每延米根数/根	每延米总长/m	重量/kg	总重/kg
1	Φ22	2403.0	4	96.1	286.4	561.9
2	Φ22	2310.9	4	92.4	275.5	
3	ϕ8	172.0	120	206.4	81.6	86.3

注:

1. 本图尺寸除钢筋直径以毫米计外，其余均以厘米计。
2. 图中环向箍筋间距为40cm，主筋混凝土保护层为5cm。

参考文献

[1] 郑国权．道路工程制图习题集［M］．北京：人民交通出版社，2001.
[2] 刘松雪，樊琳娟．道路工程制图习题集［M］．北京：人民交通出版社，2002.
[3] 刘力．机械制图习题集［M］．北京：高等教育出版社，2000.